Épanouis-toi

Un Voyage de Développement Personnel pour une Femme Inspirée

Anaïs Boten

A Cindy.

ISBN : 9798852405890

Date de parution : Juillet 2023

SOMMAIRE

Introduction _____ *11*

Chapitre 1 : Se connecter à ton essence intérieure _____ *14*

A. Découvrir ta voix intérieure : explorer comment le chant peut être un moyen de s'exprimer et de se connecter à tes émotions profondes. _____ 14
1. Libérer tes émotions par le chant _____ 14
2. Trouver la guérison à travers le chant _____ 17
3. Se connecter avec les autres à travers le chant __ 19
4. Pratiquer le chant comme une forme de méditation _____ 21
5. Explorer de nouvelles possibilités à travers le chant _____ 23

B. Écouter ton corps : explorer la danse comme une forme d'expression et de libération émotionnelle. _____ 25
1. La danse comme langage corporel _____ 25
2. Libérer les émotions par la danse _____ 28
3. La danse comme connexion à ton corps _____ 31
4. Exploration de l'expression créative _____ 33
5. Libération émotionnelle et bien-être _____ 36

Chapitre 2 : Renouer avec la nature et la randonnée _____ *38*

S'émerveiller de la nature : explorer comment passer du temps dans la nature peut apporter la paix

intérieure et la reconnexion avec ton environnement. _____38
1. Renouer avec la simplicité et la beauté de la nature 38
2. Retrouver la paix intérieure dans la nature _____41
3. Reconnecter avec l'environnement naturel ____44
4. Cultiver la présence et la pleine conscience ____46
5. Trouver l'inspiration et la régénération _____48

Randonner vers l'accomplissement : utiliser la randonnée comme une métaphore pour surmonter les défis de la vie et atteindre tes objectifs personnels. _____51
1. Le choix du chemin _____51
2. Préparation et planification _____54
3. Surmonter les obstacles _____57
4. L'importance du soutien _____60
5. La résilience et l'endurance _____63
6. La célébration des étapes intermédiaires _____66
7. La beauté du voyage _____69

Chapitre 3 : L'importance du yoga dans le développement personnel _____71
1. Connexion corps-esprit _____71
2. Gestion du stress et de l'anxiété_____74
3. Développement de la flexibilité mentale _____76
4. Renforcement de la confiance en soi _____78
5. Cultivation de la présence et de la pleine conscience _____80
6. Exploration de la spiritualité_____82

Chapitre 4 : Se libérer des chaînes émotionnelles 84

Explorer tes émotions : comprendre l'importance de reconnaître, exprimer et gérer tes émotions de manière saine et constructive._____84

1. Reconnaître tes émotions _____ 84
2. Exprimer tes émotions _____ 89
3. Gérer tes émotions _____ 93
4. Cultiver l'empathie _____ 99

Chapitre 5 : Oser prendre des décisions pour ton bonheur _____ **103**

Suivre ton cœur _____ **103**
1. Les défis potentiels _____ 103
2. Les opportunités de connexion _____ 110
3. L'importance de l'écoute de ton intuition _____ 119

Chapitre 6 : Reconstruire ta vie _____ **125**

Apprendre à te pardonner : trouver des moyens de te libérer de la culpabilité et du jugement envers toi-même, afin de pouvoir avancer et construire une nouvelle vie épanouissante. _____ **125**
1. Acceptation de tes erreurs _____ 125
2. Prendre la responsabilité _____ 136
3. Comprendre tes motivations _____ 144
4. Pratiquer l'autocompassion _____ 146
5. Lâcher prise _____ 148
6. Se reconstruire _____ 150
7. Demander de l'aide _____ 152

Cultiver le bien-être familial : aborder la transition avec tes enfants et construire de nouvelles dynamiques familiales qui favorisent l'amour, le respect et la compréhension. _____ **154**
1. Communication ouverte et honnête _____ 154
2. Écoute active _____ 158
3. Renforcer les liens familiaux _____ 160
4. Favoriser l'amour et la compréhension _____ 162
5. Soutien émotionnel _____ 164

6. Flexibilité et adaptation _____166

Chapitre 7 : L'épanouissement et le renouveau 168

Se réinventer : explorer les différentes facettes de ta personnalité et découvrir de nouvelles passions et aspirations. _____168
1. L'exploration de soi_____168
2. Découvrir de nouvelles passions _____171
3. Redéfinir tes aspirations _____173
4. Expérimenter et prendre des risques_____175
5. S'entourer de personnes inspirantes _____177
6. Laisser place à l'exploration _____179

Cultiver une relation émotionnellement épanouissante : donner des conseils sur la communication, la vulnérabilité et la construction d'une relation saine et équilibrée avec ton nouvel amour. _____181
1. Communication ouverte et honnête _____181
2. Pratiquer la vulnérabilité _____183
3. Établir des limites saines_____185
4. Cultiver l'équilibre_____187
5. Pratiquer l'empathie et la compréhension_____189
6. Cultiver l'amour et la gratitude_____191

Chapitre 8 : Évolution continue _____193

Prendre soin de toi : développer des rituels et des pratiques d'autogestion qui nourrissent ton bien-être émotionnel, physique et spirituel. _____193
1. Rituel de self-care émotionnel _____193
2. Soins physiques réguliers _____202
3. Pratique spirituelle _____205
4. Moment de plaisir et de loisirs _____207
5. Pratique de la gratitude _____209

Continuer à grandir : t'encourager à rester ouverte au changement, à la croissance personnelle et à l'évolution constante. _____ 211
1. Être ouverte au changement _____ 211
2. Chercher de nouvelles opportunités _____ 213
3. Sortir de ta zone de confort _____ 215
4. Évaluer tes objectifs régulièrement _____ 217
5. Pratiquer l'auto-réflexion _____ 219
6. Chercher l'inspiration _____ 221
7. Faire preuve de bienveillance envers toi-même 223

Conclusion : Ta vie, ton chef-d'œuvre _____ 225

Réfléchir sur ton parcours de développement personnel et célébrer ta capacité à créer une vie épanouissante et alignée avec tes valeurs et aspirations. _____ 225
1. Réaliser tes progrès _____ 225
2. Alignement avec tes valeurs _____ 228
3. Épanouissement personnel _____ 230
4. Reconnaissance de tes aspirations _____ 232

Introduction

Au plus profond de toi se trouve un potentiel illimité, une source infinie de joie, de créativité et d'épanouissement. Ce livre t'invite à entreprendre un voyage intérieur qui te guidera vers une vie épanouissante et alignée avec tes valeurs et aspirations les plus profondes.

Nous sommes tous en constante évolution, et chaque jour offre une opportunité de croissance personnelle. À travers les pages de ce livre, tu découvriras une série de chapitres soigneusement conçus pour t'accompagner dans cette exploration de toi-même et dans la création d'une vie qui te ressemble.

Le premier chapitre, "Se connecter à ton essence intérieure", t'invite à découvrir ta voix intérieure en explorant le chant et la danse comme des moyens puissants de t'exprimer et de te connecter à tes émotions profondes. Tu apprendras à écouter ton corps et à reconnaître son langage, te permettant ainsi de libérer des émotions enfouies et de trouver une libération émotionnelle.

Ensuite, le deuxième chapitre, "Renouer avec la nature et la randonnée", t'offre une invitation à t'émerveiller de la nature et à te reconnecter avec ton environnement. À travers des expériences de randonnée, tu découvriras comment la nature peut t'apporter la paix intérieure et devenir un puissant catalyseur de transformation personnelle.

Le livre explore également l'importance du yoga dans le développement personnel, en t'invitant à plonger dans le troisième chapitre. Tu découvriras comment cette pratique ancestrale peut t'aider à trouver l'équilibre entre ton corps, ton esprit et ton âme, et à développer une connexion profonde avec toi-même.

Dans le quatrième chapitre, "Se libérer des chaînes émotionnelles", tu exploreras l'importance de reconnaître, exprimer et gérer tes émotions de manière saine et constructive. Tu découvriras des outils pour briser les barrières émotionnelles et encourager ceux qui t'entourent à s'ouvrir émotionnellement, favorisant ainsi une communication plus profonde et authentique.

Le livre continuera à t'accompagner dans ton cheminement vers le bonheur, en t'invitant à prendre des décisions audacieuses qui te mèneront vers une vie alignée avec tes aspirations les plus profondes. Tu apprendras à suivre ton cœur et à écouter ton intuition pour créer une réalité épanouissante et joyeuse.

La reconstruction de ta vie est également abordée, en t'encourageant à apprendre à te pardonner et à te libérer de la culpabilité et du jugement envers toi-même. Tu découvriras comment construire de nouvelles dynamiques familiales basées sur l'amour, le respect et la compréhension, favorisant ainsi le bien-être familial.

Le livre t'invite également à te réinventer, à explorer les différentes facettes de ta personnalité et à découvrir de nouvelles passions et aspirations. Tu seras guidé(e) dans la construction de relations émotionnellement épanouissantes, en apprenant les clés de la communication, de la vulnérabilité et de la construction d'une relation saine et équilibrée.

Enfin, le livre te rappelle l'importance de continuer à prendre soin de toi, de développer des rituels et des pratiques d'autogestion qui nourrissent ton bien-être émotionnel, physique et spirituel. Tu seras encouragé(e) à rester ouvert(e) au changement, à la croissance personnelle et à l'évolution constante pour maintenir ton épanouissement à long terme.

Ce livre est un appel à l'éveil de ton potentiel intérieur et à la création d'une vie épanouissante, alignée avec tes valeurs et aspirations les plus profondes. Prépare-toi à entreprendre ce voyage de découverte personnelle et à célébrer chaque étape de ton parcours vers une vie pleinement réalisée. L'aventure commence maintenant.

Chapitre 1

Se connecter à ton essence intérieure

Découvrir ta voix intérieure : explorer comment le chant peut être un moyen de s'exprimer et de se connecter à tes émotions profondes.

1. Libérer tes émotions par le chant

Le chant est une forme d'expression artistique qui transcende les limites des mots. Il te permet de communiquer des émotions complexes et profondes d'une manière qui dépasse les frontières du langage. Lorsque tu te laisses emporter par la mélodie, les paroles et le rythme, quelque chose de magique se produit.

Imagine-toi en train de chanter, les yeux fermés, ton corps vibrant au son de la musique. Dans ces moments-là, tu te libères de toutes les contraintes et inhibitions. Tu ne te soucies plus du regard des autres ni des normes sociales. Au contraire, tu te connectes à ton essence la plus pure, à l'émotion brute qui réside en toi.

Que tu ressentes de la joie débordante, une tristesse profonde, une colère bouillonnante ou un amour passionné, le chant offre un espace sûr où tu peux exprimer ces sentiments sans jugement ni retenue. Il n'y a pas de bonnes ou de mauvaises émotions à exprimer à travers le chant. Chaque émotion est une partie de toi, une composante de ton être authentique, et elles méritent toutes d'être entendues et honorées.

Le chant te permet d'explorer et d'extérioriser tes sentiments les plus profonds d'une manière pure et véritable. Il devient un véhicule à travers lequel tu peux donner une voix à tes émotions intérieures, même celles que tu pourrais avoir du mal à exprimer autrement. Les mots peuvent parfois être limités, mais le chant transcende ces limites, permettant à ton âme de s'exprimer sans entrave.

Dans cet espace sûr que le chant crée, tu es libre d'être toi-même sans compromis. Tu peux laisser tomber les masques que tu portes peut-être au quotidien et te connecter à ta véritable essence. Là où la parole peut parfois échouer à transmettre l'intensité d'une émotion, le chant offre une palette infinie de nuances et d'intensités pour communiquer ce que tu ressens réellement.

Lorsque tu chantes, tu invites les autres à partager ton monde émotionnel, à ressentir ce que tu ressens. Ce partage authentique crée des connexions profondes et renforce les liens humains. Le chant peut toucher les cœurs, inspirer et émouvoir ceux qui t'écoutent. C'est une forme d'expression qui transcende les barrières linguistiques et culturelles, et qui crée une connexion profonde au-delà des mots.

Que ce soit sur une scène de concert, dans un bar ou simplement dans l'intimité de ta propre chambre, laisse le chant être ton refuge, ton moyen d'expression et de libération. Permets-toi d'explorer et d'exprimer les émotions qui résident en toi, de manière authentique et sans peur. Que ta voix résonne dans le monde et laisse ton chant être une manifestation sincère de qui tu es réellement.

2. Trouver la guérison à travers le chant

Le chant a un pouvoir de guérison remarquable. Lorsque tu te connectes à ta voix intérieure et que tu laisses les vibrations de ta voix résonner à travers chaque cellule de ton être, quelque chose de profond se produit. Le chant devient une passerelle vers la libération émotionnelle et la guérison des blessures enfouies.

Il arrive parfois que nous gardions nos émotions enfermées à l'intérieur, les refoulant par peur, par habitude ou simplement parce que nous ne savons pas comment les exprimer autrement. Cela peut créer des blocages émotionnels qui se manifestent dans notre corps et notre esprit. Ces émotions non exprimées peuvent causer du stress, de l'anxiété et même des problèmes physiques.

Lorsque tu te permets de chanter et de te connecter à ta voix intérieure, les vibrations créées pénètrent chaque partie de ton être. Les sons que tu produis résonnent avec tes émotions les plus profondes, libérant ces émotions bloquées qui ont besoin d'être exprimées et guéries. C'est une invitation à t'ouvrir et à laisser sortir ce qui est retenu depuis trop longtemps.

Laisse les mélodies et les paroles que tu chantes agir comme un baume sur tes blessures émotionnelles. Permet à ta voix de devenir le canal à travers lequel ces émotions peuvent s'écouler et trouver une forme d'expression. Peut-être te surprendras-tu à verser des larmes de tristesse, à ressentir une vague de joie ou à laisser sortir une colère refoulée. Tout cela est un processus naturel de guérison qui commence lorsque tu donnes à tes émotions l'espace et la voix qu'elles méritent.

Le chant te donne l'occasion de ressentir cette libération émotionnelle d'une manière profonde et authentique. En permettant à ta voix de s'élever, tu t'ouvres à toi-même et à la guérison qui accompagne cette connexion profonde. Tu créés un espace intérieur où les émotions peuvent être accueillies, explorées et finalement transformées.

Permets-toi d'accueillir et d'accepter les émotions qui surgissent lorsque tu chantes. Laisse-toi ressentir les sensations qui accompagnent cette expérience, qu'elles soient agréables ou inconfortables. C'est en honorant ces émotions et en les laissant s'exprimer que tu peux les guérir véritablement.

Le chant devient ainsi un moyen puissant de guérison, un rituel sacré où tu peux libérer ce qui a été emprisonné en toi. Embrasse cette pratique et laisse-toi porter par la puissance transformatrice de ta voix. La guérison émotionnelle t'attend, ma chère amie, lorsque tu te connectes à ta voix intérieure et que tu permets à tes émotions de s'exprimer à travers le chant.

3. Se connecter avec les autres à travers le chant

Le chant est un langage universel qui crée des ponts entre toi et les autres. Lorsque tu partages ton chant avec d'autres personnes, que ce soit lors de concerts, dans des chorales ou même lors de jams informels, une expérience collective unique se forme. La musique devient le fil conducteur qui relie les âmes et transcende les barrières, permettant ainsi de tisser des liens profonds avec ceux qui partagent cette passion avec toi.

Lorsque tu chantes en harmonie avec d'autres voix, quelque chose de magique se produit. Les voix se mêlent et se fondent ensemble, créant une symphonie d'émotions partagées. C'est une expérience d'unité, où les individualités se fondent dans un ensemble harmonieux. La musique devient le langage de l'âme, dépassant les différences et les barrières culturelles, permettant à chacun de se comprendre au-delà des mots.

Dans ces moments où tu partages ta voix avec d'autres, tu te connectes à une communauté de personnes qui partagent la même passion que toi. Tu rencontres des individus qui comprennent l'importance de l'expression musicale et qui ressentent la même joie et l'épanouissement à travers le chant. Ces rencontres sont des opportunités précieuses de se sentir compris, accepté et soutenu dans cette partie de toi-même.

La musique crée un sentiment d'appartenance, une communion d'âmes qui transcende les différences et les divisions. Elle te permet de trouver ta tribu, des personnes avec qui tu peux partager tes expériences, tes émotions et tes aspirations musicales. Ensemble, vous créez un espace d'inspiration mutuelle, où vos voix se complètent et se soutiennent les unes les autres.

En t'engageant dans des activités musicales collectives, tu ouvres également la porte à de nouvelles expériences de croissance personnelle. Tu peux apprendre de tes pairs, élargir ton répertoire musical et affiner tes compétences vocales. Les collaborations musicales t'encouragent à sortir de ta zone de confort, à développer ta confiance en toi et à explorer de nouveaux horizons artistiques. Cela nourrit ta croissance personnelle et te permet d'explorer des aspects de toi-même que tu ne connaissais peut-être pas encore.

Le chant en communauté te rappelle que tu es une partie intégrante d'un tout plus vaste. Il te permet de te sentir connectée à quelque chose de plus grand que toi-même, te donnant un sentiment de valeur et d'importance. Les liens profonds que tu tisses avec les autres musiciens peuvent durer toute une vie, créant des souvenirs et des amitiés durables.

Ma chère amie, ne sous-estime jamais le pouvoir du chant pour créer des liens significatifs avec les autres. Permets-toi d'explorer ces opportunités de collaboration musicale et de partager ta voix avec le monde. À travers le chant, tu trouveras des connexions profondes, un sentiment d'appartenance et des occasions précieuses de croissance personnelle. Que ta voix soit un pont qui relie les cœurs et les âmes, et que tu puisses expérimenter la beauté de la musique partagée.

4. Pratiquer le chant comme une forme de méditation

Le chant, sans aucun doute, peut-être une forme de méditation profonde et transformative. Lorsque tu te laisses envelopper par la mélodie, que tu te concentres sur la respiration et que tu ressens les vibrations de ta voix, une transformation subtile se produit. Tu te connectes à ton être intérieur le plus profond et tu te trouves dans un état de présence et de calme intérieur.

Dans ces moments précieux de chant, tu te trouves dans un espace où le temps semble s'arrêter. Les pensées anxieuses et les soucis du quotidien s'estompent. Au lieu de cela, tu te concentres sur le son, la vibration et les sensations qui émanent de ton être. Tu te perds dans la musique, créant un lien direct avec ton essence la plus pure.

En te concentrant sur la mélodie et les paroles, tu ancre ta conscience dans l'instant présent. Chaque note, chaque inflexion de ta voix devient un objet de méditation. Tu te laisses bercer par le rythme et la cadence, te permettant de te détacher des pensées incessantes qui pourraient te tourmenter autrement.

Alors que tu chantes, tu te connectes à ton souffle, à cette force vitale qui t'habite. Chaque inspiration et expiration devient une danse subtile entre ton corps et ton esprit. Tu prends conscience de cette énergie vitale qui circule à travers toi, te reliant à quelque chose de plus grand que toi-même.

Ce profond état de présence et de calme intérieur te permet de te relier à ton être le plus authentique. Tu te libères des masques et des rôles sociaux que tu portes au quotidien, te permettant d'être totalement toi-même. C'est dans ces moments de connexion profonde que tu peux te trouver et te comprendre vraiment.

À mesure que tu te connectes avec ton être intérieur à travers le chant, tu découvres un sentiment de paix intérieure. Les tumultes de la vie quotidienne s'apaisent et tu ressens une harmonie tranquille à l'intérieur de toi. Le chant devient une source de bien-être et de réalignement avec ton essence véritable.

C'est dans cet état de présence et de calme intérieur que tu trouves une reconnexion profonde avec toi-même. Tu ressens un sentiment de plénitude et de satisfaction, car tu as accordé du temps et de l'attention à ton être intérieur. Le chant devient un refuge où tu peux te retrouver, te ressourcer et te recentrer lorsque le monde extérieur devient chaotique.

Ne sous-estime jamais le pouvoir méditatif du chant. Permets-toi d'explorer ces moments de connexion profonde, où le chant devient une pratique sacrée qui te nourrit sur tous les plans. Laisse le chant être un outil précieux pour te connecter à ton être intérieur, trouver la paix intérieure et t'offrir un moment de réalignement avec toi-même.

5. Explorer de nouvelles possibilités à travers le chant

Le chant est une porte ouverte vers un monde de possibilités et d'exploration artistique, ma chère amie. À travers le chant, tu peux élargir tes horizons et te lancer dans de nouvelles aventures musicales. Permets-toi d'envisager les opportunités suivantes :

Explorer différents genres musicaux : Le monde de la musique regorge de diversité et de richesse. Laisse ton chant être une passerelle vers de nouveaux genres musicaux. Que ce soit le jazz, le blues, le rock, la musique classique, le folk ou toute autre forme de musique qui résonne avec toi, explore et expérimente différents styles. Cela te permettra d'élargir ton répertoire vocal, de découvrir de nouvelles techniques et de te connecter à une variété d'émotions et d'expressions artistiques.

Écrire tes propres chansons : Le chant peut être une voie pour exprimer ta créativité et ton individualité. N'hésite pas à explorer l'écriture de tes propres chansons. Laisse ta voix intérieure guider tes paroles et ta musique. Les chansons que tu crées peuvent être un moyen puissant de partager ton histoire, tes expériences et tes émotions les plus profondes. C'est une opportunité de laisser ton chant être le reflet authentique de qui tu es en tant qu'artiste unique.

Te lancer dans des projets artistiques ambitieux : Le chant peut te pousser à te dépasser et à relever de nouveaux défis. Permets-toi d'explorer des projets artistiques plus ambitieux, tels que l'enregistrement d'un album, la participation à des compétitions musicales, l'organisation de concerts ou la collaboration avec d'autres artistes. Ces projets te permettront de te tester, de développer tes compétences et de grandir en tant qu'artiste. Ils peuvent t'offrir des opportunités de visibilité, d'apprentissage et de développement personnel.

Laisse ta créativité s'épanouir : Le chant est une forme d'expression artistique qui te donne la liberté d'explorer et de laisser ta créativité s'épanouir. Ne te limite pas aux attentes ou aux normes préétablies. Permets-toi de jouer avec ta voix, d'expérimenter de nouvelles techniques vocales, de créer des arrangements uniques pour les chansons que tu interprètes. Laisse ton chant devenir un terrain de jeu où tu peux laisser libre cours à ton imagination et à ton originalité.

Le chant est bien plus qu'une simple performance ou une répétition de notes. C'est une opportunité de te défier, de te découvrir et de te dépasser en tant qu'artiste. Permets à ta voix de s'épanouir et de devenir le reflet authentique de qui tu es. Que ce soit à travers l'exploration de genres musicaux, l'écriture de tes propres chansons ou la participation à des projets ambitieux, le chant peut devenir un catalyseur pour ton développement artistique et personnel. Permets à ta voix de t'emmener vers de nouveaux horizons et de révéler toute la beauté de ton être créatif.

Écouter ton corps : explorer la danse comme une forme d'expression et de libération émotionnelle.

1. La danse comme langage corporel

La danse, véritable langage universel, dépasse les limites des mots pour communiquer et exprimer ce qui ne peut être traduit en phrases. Lorsque tu danses, ton corps devient le canal à travers lequel tes émotions peuvent s'exprimer pleinement. Chaque mouvement, chaque geste devient une forme d'expression qui communique ce que tu ressens au plus profond de toi.

Quand tu te laisses emporter par la danse, tu transcendes les barrières de la communication verbale. Les mots peuvent parfois être limités pour exprimer l'intensité des émotions et des expériences. Mais avec la danse, ton corps devient un véritable instrument, capable de traduire en gestes ce que ton cœur et ton esprit ressentent.

Chaque mouvement que tu exécutes a une signification unique et personnelle. Un geste peut évoquer la joie débordante, l'émerveillement, la tristesse profonde ou la passion ardente. Chaque mouvement de ton corps devient une partie intégrante de ton expression émotionnelle, permettant aux autres de percevoir et de ressentir ce que tu veux partager.

La danse te donne une liberté inégalée pour exprimer des émotions subtiles ou intenses. Elle te permet de créer des tableaux vivants, où tes mouvements deviennent des pinceaux qui tracent l'histoire de tes sentiments intérieurs. Chaque danseur interprète une chanson unique, avec son propre langage corporel qui est le reflet de son être profond.

En danse, tu te connectes avec ton être authentique. Tu explores les recoins les plus intimes de ton être et tu laisses tes émotions se manifester à travers ton corps. Il n'y a pas de bonne ou de mauvaise façon de danser, car c'est ton expression personnelle et unique. Tu es libre d'explorer et de partager qui tu es réellement, sans crainte de jugement.

Lorsque tu danses, tu créés un espace où les mots ne sont pas nécessaires. Les autres peuvent ressentir ton énergie, ton intention et ton état d'esprit à travers tes mouvements. C'est une connexion profonde et instantanée qui se crée entre toi et le public, ou même entre toi et les autres danseurs. La danse devient une conversation silencieuse, mais puissante, qui transcende les limites du langage verbal.

Que ce soit sur une scène de danse, dans un studio ou même dans le confort de ta propre chambre, laisse la danse être ton langage d'expression le plus sincère. Permets à ton corps de devenir le canal à travers lequel tes émotions peuvent prendre vie. Chaque mouvement est une note dans la symphonie de ton être, une partie de ton histoire que tu partages avec le monde.

La danse est un langage universel qui nous unit tous, au-delà des frontières, des cultures et des différences. Elle te permet de communiquer ce qui est au plus profond de toi, d'établir des connexions émotionnelles profondes et de partager tes émotions de manière pure et authentique. Que ta danse soit ton expression véritable, une conversation non verbale qui transcende les mots et qui touche les âmes de ceux qui ont la chance de la voir.

2. Libérer les émotions par la danse

La danse offre une libération émotionnelle unique et puissante. En te laissant porter par la musique, tu ouvres les portes pour permettre à tes émotions de se déployer librement à travers tes mouvements. Que ce soit la joie qui fait vibrer ton être, la tristesse qui pèse sur ton cœur, la colère qui bouillonne en toi ou l'amour qui embrase ton être, tu peux les ressentir et les extérioriser dans la danse. Laisse ton corps devenir le véhicule qui exprime ces émotions, sans jugement ni inhibition.

La danse te donne une liberté totale d'expression émotionnelle. Elle te permet de transcender les limites des mots et de laisser tes émotions prendre forme à travers les mouvements de ton corps. Lorsque tu danses, tu libères les émotions qui peuvent être enfouies ou inexprimées autrement. Parfois, nous avons du mal à mettre des mots sur ce que nous ressentons, mais la danse nous offre une voie pour extérioriser ces émotions d'une manière authentique et libératrice.

Chaque pas, chaque tour, chaque geste devient une manifestation physique de ce que tu ressens à l'intérieur. Tu peux sauter avec exubérance pour exprimer la joie débordante, laisser tes bras se déployer pour libérer la tristesse qui pèse sur toi, ou frapper le sol avec intensité pour canaliser la colère. La danse te permet de traduire ces émotions complexes en mouvements fluides et significatifs.

En dansant, tu peux te laisser envahir par l'énergie de la musique et laisser cette énergie se répercuter à travers chaque partie de ton corps. Tu te connectes à un état d'abandon, où tu te libères des inhibitions et des contraintes de la vie quotidienne. C'est un espace où tu peux pleinement ressentir et exprimer tes émotions les plus profondes, sans crainte du jugement ou de la répression.

La danse devient un moyen de libération émotionnelle, un canal qui te permet de purger et de libérer ce qui est emprisonné en toi. Tu peux danser pour exulter de joie, pour te libérer du poids du chagrin, pour canaliser et transformer la colère en une énergie constructive, ou pour célébrer l'amour et la connexion avec les autres. C'est une opportunité de te connecter à ton essence la plus authentique et de t'exprimer pleinement.

Parfois, les émotions peuvent être complexes et difficiles à gérer, mais la danse te permet de les explorer et de les exprimer d'une manière saine et créative. Elle devient une forme de catharsis, te permettant de relâcher le fardeau émotionnel et de te sentir plus léger et plus libéré. La danse te donne l'occasion de transformer ces émotions en une énergie positive, en te reconnectant avec toi-même et en te permettant de trouver la guérison et la paix intérieure.

Permets à la danse d'être ton refuge, ton moyen de libération émotionnelle. Laisse ton corps être le guide, en lui donnant la permission d'exprimer ce qui est en toi sans réserve. Permets-toi d'être vulnérable, de te connecter à tes émotions les plus profondes et de les laisser s'écouler à travers tes mouvements. La danse te permet de libérer ces émotions enfouies et de retrouver un équilibre émotionnel et mental.

3. La danse comme connexion à ton corps

La danse, cette belle forme d'expression, t'invite à te connecter avec ton corps de manière profonde et consciente. C'est un moyen de plonger dans l'expérience sensorielle de ton être physique, de prendre conscience de chaque partie de toi, de ressentir les sensations et les mouvements qui habitent ton corps. Grâce à la danse, tu peux être pleinement présent dans le moment présent et te reconnecter à toi-même.

Lorsque tu danses, tu accordes une attention délibérée à chaque mouvement, à chaque contraction musculaire, à chaque sensation qui traverse ton corps. Tu te rends compte de la façon dont tes muscles se déploient, se tendent et se détendent. Tu ressens la fluidité et la grâce de tes mouvements, et tu prends conscience de l'espace que ton corps occupe dans l'environnement qui t'entoure.

Être pleinement présent dans le moment de la danse te permet de t'ancrer dans ton corps, d'explorer ses possibilités et de te connecter à ton essence corporelle. Tu te sens vivant et conscient, conscient de chaque respiration, de chaque battement de ton cœur, de chaque sensation qui traverse ton être. La danse devient un moyen de te plonger dans ton être physique, de te révéler la merveilleuse machine qu'est ton corps.

La danse t'offre un espace où tu peux explorer la gamme complète de tes mouvements et de tes sensations. Tu peux étirer tes bras et sentir l'expansion de l'espace autour de toi. Tu peux tournoyer et ressentir la grâce et l'équilibre en toi. Tu peux sauter et ressentir la légèreté et l'énergie qui t'envahissent. Chaque mouvement est une occasion de découvrir et d'apprécier la capacité de ton corps à s'exprimer et à créer.

En étant pleinement présent dans ton corps à travers la danse, tu te donnes l'opportunité de te reconnecter à toi-même. La danse devient un moyen de transcender les pensées et les soucis du quotidien, de laisser de côté les préoccupations externes et de te plonger dans ton être intérieur. C'est un moment privilégié où tu peux te retrouver, te redécouvrir et te recharger.

Dans cet état de présence corporelle, tu te libères des limitations de l'esprit et tu te connectes à ta véritable essence. Tu peux ressentir une harmonie entre ton corps, ton esprit et ton âme. La danse devient une pratique d'ancrage, te reliant à l'instant présent, à ton être intérieur et à l'essence même de qui tu es.

Permets à la danse d'être un moyen de te connecter avec ton corps et de te retrouver dans l'instant présent. Prends le temps d'explorer chaque sensation, chaque mouvement, chaque respiration. Sois attentif à la magie de ton corps, à sa capacité à s'exprimer et à se mouvoir. La danse devient une porte d'accès à ta propre présence, une opportunité de te reconnecter à toi-même et de trouver un sentiment de plénitude et d'équilibre.

4. Exploration de l'expression créative

La danse, une forme d'expression artistique, est un terrain fertile où tu peux explorer ta créativité et ton individualité. Elle t'offre une liberté totale pour expérimenter différents styles de danse, explorer des mouvements uniques et exprimer ta personnalité à travers ton corps. Que ce soit à travers la danse contemporaine, le ballet, la danse du ventre, la danse libre ou toute autre forme de danse qui t'inspire, laisse ta créativité s'épanouir et utilise ton corps comme un outil d'expression artistique.

La danse te donne la possibilité de sortir des sentiers battus, de briser les règles et de créer ton propre langage corporel. C'est un espace où tu peux explorer tes idées, tes émotions et tes sensations d'une manière unique. Tu peux développer ton style personnel, ta signature artistique, en intégrant tes mouvements, tes gestes et ton interprétation personnelle dans chaque chorégraphie.

La danse contemporaine te permet d'explorer l'expérimentation, la spontanéité et l'innovation. Elle te permet de repousser les limites du mouvement et de créer des compositions uniques qui reflètent ta vision artistique. À travers cette forme de danse, tu peux explorer des thèmes sociaux, politiques ou personnels, et laisser ta voix artistique s'exprimer sans contrainte.

Le ballet, quant à lui, offre une structure et une technique raffinée. Il te permet d'explorer la grâce, la précision et la discipline du mouvement. À travers le ballet, tu peux développer ta force physique, ton endurance et ta maîtrise du mouvement. Tu peux également plonger dans des histoires classiques ou contemporaines et utiliser ton corps pour raconter des récits captivants.

La danse du ventre est une forme qui célèbre la féminité, la sensualité et la connexion avec ton être intérieur. Elle te permet d'explorer les mouvements fluides, les ondulations et les isolations du corps. À travers cette danse, tu peux exprimer ta puissance, ta grâce et ta confiance en toi-même. C'est une forme d'expression qui te permet de célébrer la beauté de ton corps et de te connecter à ta féminité profonde.

La danse libre te donne une totale liberté d'expression. Elle te permet d'improviser et de laisser tes émotions, ton instinct et ton intuition guider tes mouvements. C'est un espace où tu peux laisser ta créativité s'épanouir, où tu peux être spontanée et authentique dans ton interprétation du mouvement. La danse libre te permet d'explorer des états d'esprit, de te connecter à ton monde intérieur et de laisser tes émotions prendre forme à travers ton corps.

Peu importe le style de danse que tu choisis d'explorer, permets à ta créativité de s'épanouir. Utilise ton corps comme une toile où tu peux peindre des mouvements uniques et authentiques. Laisse tes émotions, tes idées et ton individualité se manifester à travers chaque mouvement que tu crées. La danse devient alors une plateforme où tu peux t'exprimer librement, te découvrir en tant qu'artiste et partager ton essence avec le monde.

N'aie pas peur d'expérimenter, de prendre des risques et de sortir de ta zone de confort. Permets à ton corps d'être ton instrument d'expression artistique, en explorant des mouvements et des styles qui te passionnent. La danse est un voyage infini où tu peux continuer à évoluer et à te découvrir en tant qu'artiste. Laisse ta créativité s'épanouir et embrasse la beauté de ton individualité à travers chaque pas que tu fais.

5. Libération émotionnelle et bien-être

La danse est bien plus qu'une simple activité physique. Elle peut être une véritable source de bien-être et de libération émotionnelle. Lorsque tu danses, ton corps libère des endorphines, ces hormones du bonheur qui procurent une sensation de bien-être et d'euphorie. C'est une expérience unique où tu te sens vivante, connectée à ton corps et à tes émotions.

À travers la danse, tu peux relâcher le stress accumulé dans ton corps. Chaque mouvement, chaque geste permet de décharger les tensions et de libérer l'énergie emprisonnée. La danse devient une véritable thérapie corporelle, te permettant de te débarrasser des poids émotionnels qui pèsent sur toi. En te laissant porter par la musique et en exprimant tes émotions à travers le mouvement, tu peux te sentir plus léger, plus libéré et plus en accord avec toi-même.

La danse offre une opportunité de laisser aller les soucis du quotidien et de te plonger pleinement dans l'instant présent. Lorsque tu danses, tu es entièrement absorbée par la musique, par les sensations de ton corps et par la joie d'exprimer qui tu es à travers le mouvement. C'est un moment où tu peux te perdre dans la musique et te laisser emporter par la fluidité des mouvements, sans penser au passé ni au futur. C'est une forme de méditation en mouvement qui te permet de te reconnecter à toi-même et de retrouver un équilibre émotionnel.

La danse stimule également ta créativité et ton expression personnelle. En te laissant guider par la musique, tu es libre d'explorer des mouvements uniques et d'exprimer ta personnalité à travers ton corps. Cela te permet de te reconnecter à ton essence la plus profonde, de te révéler à toi-même et de t'accepter tel(le) que tu es. La danse devient un moyen de te célébrer, de t'exprimer pleinement et de nourrir ton bien-être global.

En pratiquant régulièrement la danse, tu peux constater des bienfaits durables sur ton équilibre émotionnel et ton bien-être. Elle peut aider à réduire le stress, à améliorer ton humeur, à renforcer ta confiance en toi et à augmenter ta capacité à gérer les émotions difficiles. La danse devient une forme de thérapie holistique qui nourrit ton esprit, ton corps et ton âme.

Que ce soit à travers des cours de danse, des séances de danse improvisée à la maison ou simplement en te laissant aller au rythme de la musique, la danse est une invitation à prendre soin de toi et à cultiver ton bien-être. Permets-toi de te laisser emporter par la danse, de libérer les émotions qui résident en toi et de trouver un équilibre émotionnel. Laisse cette forme d'expression artistique te guider vers une vie plus épanouissante et harmonieuse.

Chapitre 2
Renouer avec la nature et la randonnée

S'émerveiller de la nature : explorer comment passer du temps dans la nature peut apporter la paix intérieure et la reconnexion avec ton environnement.

1. Renouer avec la simplicité et la beauté de la nature

Lorsque tu te retrouves en pleine nature, une véritable échappatoire s'ouvre devant toi, te permettant de laisser derrière toi les tracas du quotidien et de te plonger dans un monde de simplicité et de beauté. Les merveilles naturelles qui t'entourent deviennent une source d'inspiration et de réconfort, te permettant de nourrir ton âme et de retrouver un sentiment de paix intérieure.

La nature offre une multitude de moments précieux qui éveillent tes sens et réveillent en toi une profonde gratitude pour la beauté du monde qui t'entoure. En observant un coucher de soleil éblouissant, les couleurs chaudes et chatoyantes qui embrasent le ciel, tu te laisses emporter par la magie de l'instant présent. Les teintes dorées et rosées peignent un tableau saisissant qui éveille en toi un sentiment d'émerveillement et d'évasion.

Lorsque tu prêtes attention au chant des oiseaux, chaque mélodie, chaque trille et chaque gazouillis t'invitent à une véritable symphonie naturelle. Ces sons enchanteurs t'offrent une mélodie apaisante qui berce ton âme et te transporte dans un état de calme et de sérénité. Tu te sens connectée à un monde vibrant de vie, où chaque créature trouve sa place dans cette harmonie parfaite.

La caresse douce de la brise sur ton visage t'invite à te sentir pleinement vivante, à ressentir la légèreté et la pureté de l'air qui t'entoure. Cette sensation délicate t'emporte dans une danse intime avec la nature, te rappelant que tu fais partie intégrante de cet écosystème complexe et équilibré. Tu te sens enveloppée par cette brise bienfaisante, qui t'invite à lâcher prise et à te laisser porter par la quiétude de l'instant.

La contemplation d'un paysage majestueux, qu'il s'agisse de montagnes imposantes, d'une forêt luxuriante ou d'un océan infini, te laisse sans voix face à la grandeur et à la beauté de la nature. Ces panoramas grandioses t'offrent un sentiment d'humilité et de connexion profonde avec l'univers qui t'entoure. Tu te sens à la fois petite et puissante, une infime partie d'un vaste monde qui déborde de splendeur.

Au milieu du chaos de la vie moderne, la nature te rappelle qu'il existe une magie et une harmonie dans le monde qui t'entoure. Elle t'invite à ralentir, à savourer les moments simples et à retrouver un sentiment de connexion avec quelque chose de plus grand que toi. C'est un rappel puissant que la beauté et l'émerveillement sont présents, même dans les moments les plus ordinaires de la vie.

En te plongeant dans la nature, tu te reconnectes à ton être essentiel, à ta propre nature profonde. Tu te rappelles que tu fais partie intégrante de cet écosystème vaste et merveilleux. La nature te rappelle la simplicité, la beauté et l'harmonie qui existent en dehors des complexités de la vie quotidienne. Elle t'offre une oasis de calme et de réconfort où tu peux te ressourcer, te recentrer et retrouver la paix intérieure.

2. Retrouver la paix intérieure dans la nature

La nature, ce havre de paix, t'offre un refuge précieux lorsque tu as besoin de calme et de tranquillité. Elle est une invitation à ralentir, à respirer profondément et à te connecter à ton être intérieur. Que ce soit en te promenant dans les bois, en contemplant une rivière qui s'écoule doucement ou en te prélassant sur une plage dorée, la nature te libère des soucis et des préoccupations de la vie quotidienne.

Les sons apaisants de la nature, tels que le murmure du vent dans les arbres, le chant des oiseaux ou le bruissement d'un cours d'eau, créent une symphonie douce qui caresse tes oreilles. Ces mélodies naturelles te transportent dans un état de sérénité, éloignant les pensées tumultueuses et te permettant de trouver une tranquillité intérieure. Les sons harmonieux de la nature sont comme des chants apaisants qui enveloppent ton être, te permettant de te libérer des tensions accumulées et de te reconnecter à ta propre essence.

Les odeurs fraîches de l'herbe, des fleurs et de la terre humide te parviennent, te rappelant l'abondance de la vie végétale qui t'entoure. Chaque respiration profonde te remplit de la vitalité et de la pureté de l'air naturel. Ces parfums te transportent dans un état de présence, te ramenant à l'instant présent et te permettant de te libérer des pensées passées ou futures qui peuvent troubler ton esprit. L'odeur caractéristique de la nature te rappelle la beauté de la simplicité et de la connexion avec le monde naturel.

La sensation de douceur sous tes pieds, que ce soit l'herbe tendre, le sable chaud ou les feuilles tombées, crée une connexion directe avec la terre nourricière. Chaque pas que tu fais est une invitation à te connecter à la terre, à ressentir sa stabilité et son soutien. En te promenant pieds nus, tu peux ressentir l'énergie vitale qui émane de la terre, te permettant de te sentir enracinée et en harmonie avec l'environnement naturel qui t'entoure.

En te plongeant dans la nature, tu te libères des distractions du monde moderne. Tu te déconnectes des écrans, des bruits de la ville et des demandes incessantes de la vie quotidienne. La nature te rappelle l'essentiel, te permettant de te recentrer sur toi-même, de retrouver un état de calme intérieur et de trouver un refuge dans la simplicité et la beauté du monde naturel.

Lorsque tu te connectes à la nature, tu t'ouvres à sa sagesse et à sa capacité à te guider vers un état de paix intérieure. Tu peux t'immerger dans le silence apaisant des bois, contempler la douceur d'une rivière qui coule ou te laisser bercer par les vagues de l'océan. Ces expériences te permettent de relâcher les tensions, de libérer l'agitation mentale et de retrouver un équilibre émotionnel.

La nature te rappelle que tu fais partie d'un tout plus vaste, que tu es connectée à un réseau interconnecté d'êtres vivants et d'éléments naturels. En te fondant dans la nature, tu trouves un espace de refuge où tu peux retrouver la sérénité, la clarté d'esprit et l'harmonie intérieure. Permets à la nature d'être ton alliée dans ta quête de calme et de tranquillité, et laisse-la t'offrir sa sagesse et sa beauté pour nourrir ton être tout entier.

3. Reconnecter avec l'environnement naturel

La nature, ton environnement d'origine, t'accueille depuis le jour de ta naissance et t'entoure depuis toujours. En passant du temps dans la nature, tu as l'opportunité précieuse de renouer avec cette connexion profonde et essentielle. Tu réalises que tu es une partie intégrante de cet écosystème complexe et interdépendant qui t'entoure.

En observant la diversité des plantes, des animaux et des paysages naturels, tu commences à comprendre l'interconnexion de toute forme de vie sur cette planète. Chaque créature, chaque plante et chaque élément naturel joue un rôle vital dans l'équilibre de cet écosystème délicat. Tu réalises que tu fais partie de cette toile de vie, que ton existence est liée à celle de toutes les autres formes de vie qui t'entourent.

Cette prise de conscience suscite en toi une profonde gratitude pour la nature. Tu ressens une reconnaissance envers cette magnifique diversité qui t'a nourri et t'a offert un environnement propice à ton épanouissement. Tu te rends compte que chaque brin d'herbe, chaque arbre majestueux, chaque animal et chaque écosystème sont des cadeaux précieux qui enrichissent ta vie.

À travers cette reconnexion avec la nature, tu deviens de plus en plus conscient(e) de l'importance de préserver cet environnement fragile. Tu réalises que tes actions individuelles ont un impact sur l'équilibre de la nature, que tu es responsable de sa préservation et que tu as un rôle à jouer pour assurer sa pérennité.

Cette conscience grandissante de l'importance de la préservation de la nature t'inspire à adopter des comportements respectueux de l'environnement. Tu cherches à réduire ton empreinte écologique, à prendre soin des ressources naturelles et à participer à des initiatives de protection de l'environnement. Tu te sens investi(e) d'une mission de préservation et de conservation de cette beauté naturelle qui t'entoure.

En renouant avec la nature, tu découvres également les bienfaits qu'elle peut t'apporter sur le plan physique, émotionnel et spirituel. Tu te rends compte que passer du temps dans la nature te revitalise, te ressource et te permet de retrouver un équilibre intérieur. La nature te donne un espace où tu peux te retirer du tumulte de la vie moderne, te recentrer et trouver la paix intérieure.

La nature est un rappel constant de ta connexion profonde avec le monde qui t'entoure. Elle t'invite à respecter et à chérir la beauté naturelle qui te nourrit et te soutient. Permets à cette reconnexion avec la nature de te guider dans ta quête de sens, d'harmonie et d'épanouissement personnel. Prends soin de cette merveilleuse planète qui t'a donné naissance, et fais de ton mieux pour préserver sa beauté pour les générations futures.

4. Cultiver la présence et la pleine conscience

Être dans la nature t'offre une invitation à être pleinement présent et à pratiquer la pleine conscience. Lorsque tu te trouves au cœur de la nature, tu as l'opportunité de ralentir, de laisser de côté les pensées incessantes et de te plonger dans le moment présent. En accordant une attention délibérée aux détails qui t'entourent, tu peux vivre une expérience immersive et transformative.

En observant attentivement les détails d'une fleur, tu peux te perdre dans ses couleurs, sa forme et sa texture. Tu te connectes profondément à cette petite merveille de la nature et tu ressens une profonde gratitude pour sa beauté. En écoutant les murmures du vent dans les arbres, tu entres en communion avec le rythme naturel de l'environnement qui t'entoure. Les sons apaisants te bercent et te rappellent l'éternel cycle de la vie.

En ressentant la texture de l'écorce d'un arbre sous tes doigts, tu te connectes avec les sensations physiques du moment présent. Tu ressens la rugosité, la douceur ou la fraîcheur de l'écorce, et cette expérience tactile te ramène au ici et maintenant. Tu te rends compte que chaque instant est unique et éphémère, et tu apprécies pleinement la richesse des sensations offertes par la nature.

La nature te guide vers un état de présence profonde, où les soucis du passé et les inquiétudes pour l'avenir s'estompent. Les préoccupations quotidiennes perdent de leur emprise sur toi, et tu te retrouves immergé(e) dans l'instant présent. La nature devient ton enseignante, t'aidant à lâcher prise et à trouver la tranquillité intérieure. Elle t'invite à apprécier les merveilles de chaque instant, à être ouvert(e) à la beauté qui t'entoure et à vivre pleinement chaque expérience.

Dans cet état de pleine conscience, tu réalises que l'instant présent est tout ce qui compte réellement. Les soucis et les regrets du passé perdent de leur importance, car tu sais que tu ne peux pas les changer. Les inquiétudes et les angoisses pour l'avenir s'apaisent, car tu te rappelles que la seule réalité est le présent. Tu te trouves ancré(e) dans l'instant, libre de toute distraction mentale, et tu éprouves une profonde appréciation pour la simplicité et la beauté de la vie.

La nature devient ton guide vers la pleine conscience, te montrant comment être présent(e) et comment apprécier chaque instant avec gratitude. Elle t'invite à t'immerger dans l'expérience sensorielle du moment présent, à embrasser la richesse de chaque respiration, chaque son, chaque parfum et chaque sensation. Dans cet état de présence, tu trouves une paix intérieure profonde et une connexion avec le monde qui t'entoure.

Permets à la nature de t'enseigner l'art de la pleine conscience, de te guider vers un état d'ouverture et d'appréciation totale de l'instant présent. Dans cet état de grâce, tu découvres une beauté nouvelle dans les détails les plus simples de la nature, et tu te connectes avec ton être le plus profond. Sois là, dans la nature, dans le moment présent, et laisse-toi emporter par la magie de l'instant.

5. Trouver l'inspiration et la régénération

La nature, avec sa diversité infinie de couleurs, de formes, de cycles de vie et de lois naturelles, est une source inépuisable d'inspiration pour ton esprit créatif. Lorsque tu te trouves immergé(e) dans un environnement naturel, tu peux ressentir un éveil de ta créativité et une ouverture de perspectives.

Les couleurs vibrantes des fleurs, des arbres et des paysages naturels stimulent tes sens et éveillent ton imagination. Chaque teinte, chaque nuance et chaque dégradé de couleur sont autant de sources d'inspiration pour tes propres créations artistiques. Les couleurs de la nature t'encouragent à explorer de nouvelles combinaisons, à expérimenter des palettes de couleurs audacieuses et à laisser libre cours à ton expression artistique.

Les formes variées que tu rencontres dans la nature, qu'elles soient organiques ou géométriques, t'invitent à voir le monde d'un nouvel œil. Les motifs complexes des feuilles, les lignes douces des collines, les spirales parfaites des coquillages - toutes ces formes naturelles stimulent ton imagination et te poussent à explorer de nouvelles approches dans tes propres créations. La nature te montre qu'il n'y a pas de limites à la forme et à la structure, et t'encourage à penser en dehors des sentiers battus.

Les cycles de vie de la nature, des saisons qui se succèdent aux transformations de la faune et de la flore, sont une source inépuisable d'inspiration pour tes projets créatifs. Tu peux puiser dans les processus naturels de croissance, de transformation et de renouveau pour nourrir ta propre créativité. La nature te rappelle que le changement fait partie intégrante de la vie, et te pousse à explorer de nouvelles voies et à embrasser les opportunités d'évolution et de transformation dans tes propres créations.

Les lois naturelles qui régissent le fonctionnement de l'écosystème sont une véritable leçon d'harmonie et d'équilibre. Tu peux t'inspirer de ces lois pour trouver des solutions créatives aux problèmes auxquels tu fais face. La nature t'enseigne que chaque élément joue un rôle précis et que la coopération est essentielle pour assurer la survie et l'épanouissement de tous. Tu peux appliquer ces principes dans tes propres projets, en cherchant des synergies et des collaborations fructueuses qui permettent à tes idées de s'épanouir.

La nature te régénère également sur le plan physique. L'air frais, chargé d'oxygène, te revigore et stimule ton énergie créative. L'exposition au soleil nourrit ton corps et ton esprit, en apportant une vitalité nouvelle à tes idées. Les vastes espaces naturels te permettent de te mouvoir librement, de t'étirer et de ressentir une profonde connexion avec ton corps. Ces aspects physiques de la nature sont essentiels pour entretenir ton bien-être et nourrir ta créativité.

Lorsque tu te laisses imprégner par la nature, tu découvres que c'est un terrain fertile pour l'imagination et la créativité. Tu ressens une énergie nouvelle qui se manifeste dans tes idées, dans tes projets et dans tes réalisations artistiques. Permets-toi de t'inspirer de la nature, de t'immerger dans sa beauté et de laisser les idées fleurir. La nature est ta muse, une force vivifiante qui te pousse à explorer de nouveaux horizons créatifs et à développer ton potentiel artistique.

Randonner vers l'accomplissement : utiliser la randonnée comme une métaphore pour surmonter les défis de la vie et atteindre tes objectifs personnels.

1. Le choix du chemin

La vie est une série de choix, tout comme lors d'une randonnée. La métaphore de la randonnée t'invite à considérer tes choix personnels comme la sélection d'un sentier parmi plusieurs possibilités. Chaque sentier représente une voie différente à explorer, avec ses propres défis, opportunités et paysages.

Il est essentiel de prendre le temps de réfléchir à tes objectifs, à tes aspirations et à tes valeurs. Cela te permettra de choisir le chemin qui correspond le mieux à tes besoins et à tes ambitions. Tout comme tu évalues la difficulté, la durée et la beauté d'un sentier lors d'une randonnée, il est important de prendre en compte les implications de tes choix et de visualiser comment ils peuvent t'aider à atteindre l'accomplissement que tu désires.

La clarté de tes objectifs et de tes aspirations te guidera dans la sélection du bon chemin. Il est important de définir ce que représente l'accomplissement pour toi et d'identifier les étapes nécessaires pour l'atteindre. Cela te permettra de choisir le sentier qui te rapproche le plus de tes aspirations, tout en tenant compte des défis et des opportunités qu'il présente.

Tout comme tu peux te renseigner sur un sentier avant de l'emprunter, il est utile de recueillir des informations, d'obtenir des conseils et de faire des recherches sur les différentes options qui s'offrent à toi. Parle à des personnes qui ont déjà emprunté ces chemins, recherche des ressources, des mentors ou des modèles inspirants pour t'aider à prendre une décision éclairée.

Une fois que tu as choisi un chemin, il est important de t'engager pleinement dans cette voie. La métaphore de la randonnée t'encourage à persévérer sur le chemin que tu as choisi, même lorsque les défis se présentent. Il peut y avoir des moments où tu rencontres des obstacles ou où tu doutes de ton choix. Cependant, rappelle-toi que chaque chemin a ses hauts et ses bas, et que la persévérance est essentielle pour atteindre l'accomplissement.

N'oublie pas qu'il est également possible de changer de sentier en cours de route si tu réalises que celui que tu as choisi ne correspond plus à tes aspirations ou à tes valeurs. Tout comme tu peux ajuster ton itinéraire lors d'une randonnée pour mieux répondre à tes besoins, tu peux réévaluer tes choix personnels et prendre des décisions qui t'aident à t'aligner sur ton chemin vers l'accomplissement.

En envisageant la randonnée comme une métaphore de tes choix personnels, tu acquiers une perspective plus large sur les possibilités qui s'offrent à toi. Prends le temps de réfléchir, de t'informer et de te connecter avec tes aspirations les plus profondes. Choisis le chemin qui te permettra de réaliser tes objectifs et de vivre une vie alignée sur tes valeurs. Souviens-toi que le voyage est tout aussi important que la destination, et apprécie chaque étape de ton parcours vers l'accomplissement.

2. Préparation et planification

Avant d'entreprendre une randonnée, il est crucial de se préparer et de planifier pour garantir une expérience réussie et sécurisée. De même, dans la vie, la préparation et la planification sont des éléments essentiels pour atteindre tes objectifs personnels. En utilisant la métaphore de la préparation physique pour une randonnée, tu peux appliquer ces principes à ta préparation mentale, émotionnelle et à l'acquisition des connaissances et compétences nécessaires pour surmonter les défis qui se présentent sur ton chemin de vie.

- **Préparation mentale :**

La préparation mentale est cruciale avant d'entreprendre une randonnée exigeante. Il en va de même pour la réalisation de tes objectifs personnels. Prends le temps de te connecter avec ta vision et tes motivations profondes. Visualise ton succès et développe une mentalité positive et confiante. En cultivant une attitude mentale solide, tu seras mieux préparé(e) à affronter les défis qui se présenteront.

- **Préparation émotionnelle**

Les randonnées peuvent être physiquement et émotionnellement exigeantes. Avant de partir, prends le temps de te préparer émotionnellement en identifiant les émotions qui peuvent émerger durant ton parcours. Cela te permettra de mieux gérer le stress, les doutes ou les obstacles inattendus. La métaphore de la randonnée te rappelle l'importance de cultiver une résilience émotionnelle et de t'engager dans des pratiques d'autosoins pour maintenir ton équilibre émotionnel tout au long de ton parcours vers tes objectifs.

- **Acquérir des connaissances**

Avant de te lancer dans une randonnée, il est essentiel de se familiariser avec le terrain, les conditions météorologiques et les défis potentiels. Dans la vie, l'acquisition de connaissances est tout aussi cruciale. Informe-toi, étudie et apprends sur les domaines liés à tes objectifs. Que ce soit en lisant des livres, en suivant des cours ou en recherchant des ressources pertinentes, renforce tes compétences et ta compréhension pour mieux faire face aux obstacles qui se présenteront sur ton chemin.

- **Développer des compétences**

Comme lors d'une randonnée, il est important de développer les compétences nécessaires pour atteindre tes objectifs personnels. Identifie les compétences clés dont tu as besoin et consacre du temps et de l'énergie à les acquérir. Cela peut inclure des compétences techniques, des compétences en communication, des compétences relationnelles ou toute autre compétence pertinente à tes aspirations. La métaphore de la randonnée te rappelle l'importance de te former et de te préparer pour mieux naviguer sur ton chemin vers l'accomplissement.

- **Anticiper et prévoir les défis**

Une randonnée peut comporter des défis imprévus tels que des conditions météorologiques défavorables, des problèmes de santé ou des imprévus logistiques. Dans la vie, il est important d'anticiper et de prévoir les défis qui pourraient se présenter sur ton chemin. En identifiant les obstacles potentiels, tu peux élaborer des stratégies d'adaptation et des plans de contingence pour faire face aux difficultés et rester sur la bonne voie vers tes objectifs.

La métaphore de la préparation physique pour une randonnée souligne l'importance de se préparer et de planifier dans tous les aspects de ta vie. Que ce soit mentalement, émotionnellement ou en acquérant les connaissances et compétences nécessaires, la préparation te permet d'aborder tes objectifs de manière plus confiante et efficace. En investissant du temps et des efforts dans ta préparation, tu te donnes les meilleures chances de réussir et de naviguer avec succès sur ton chemin vers l'accomplissement.

3. Surmonter les obstacles

Lors d'une randonnée, les obstacles font partie intégrante de l'expérience. Tu peux rencontrer des terrains escarpés qui demandent un effort physique intense, des rivières à traverser qui nécessitent de la prudence et de la résolution, ou même des conditions météorologiques difficiles qui mettent ta résistance à l'épreuve. Ces obstacles, tout comme les défis de la vie, peuvent sembler intimidants, mais la métaphore de la randonnée t'invite à persévérer et à trouver des moyens créatifs pour les surmonter.

Lorsque tu rencontres un terrain escarpé, cela peut symboliser les moments où tu te trouves face à des défis qui semblent insurmontables. Cependant, la métaphore de la randonnée te rappelle que même les pentes les plus abruptes peuvent être gravies avec détermination et persévérance. Tu peux faire appel à tes ressources internes, comme ta force mentale, ton courage et ta volonté, pour trouver la force de continuer malgré les difficultés. La clé est de te concentrer sur chaque pas, de prendre le temps nécessaire pour te reposer si besoin, et de continuer à avancer vers ton objectif avec détermination.

Les rivières à traverser représentent les obstacles qui nécessitent une approche stratégique et réfléchie. Tu peux être confronté(e) à des choix difficiles, des décisions délicates ou des situations complexes. La métaphore de la randonnée t'encourage à faire preuve de prudence, à évaluer les options qui s'offrent à toi et à rechercher des solutions créatives pour surmonter ces obstacles. Parfois, cela peut impliquer de trouver des ponts naturels ou de construire des passerelles symboliques dans ta vie pour traverser ces rivières avec succès.

Les conditions météorologiques difficiles, comme les tempêtes ou les intempéries, peuvent représenter les moments où la vie te confronte à des circonstances imprévues et défavorables. Cependant, la métaphore de la randonnée t'encourage à faire preuve de flexibilité et d'adaptabilité. Tout comme tu ajustes ton itinéraire lors d'une randonnée pour faire face aux conditions météorologiques, tu peux ajuster ta stratégie et ton plan d'action pour faire face aux imprévus de la vie. Fais preuve de résilience, cherche des alternatives et trouve des moyens de continuer à progresser malgré les vents contraires.

En surmontant ces obstacles lors d'une randonnée, tu découvriras que tu as une force intérieure et des capacités que tu n'aurais peut-être pas soupçonnées. De même, dans la vie, la métaphore de la randonnée t'invite à puiser dans tes ressources internes, à croire en toi-même et à faire preuve de détermination et de flexibilité pour surmonter les défis qui se dressent sur ton chemin. Rappelle-toi que chaque obstacle surmonté te rapproche de ton objectif et te rend plus fort(e) et plus résilient(e).

La métaphore de la randonnée t'encourage à embrasser les défis comme des opportunités de croissance et d'apprentissage. En te concentrant sur tes ressources internes, en faisant preuve de détermination et de flexibilité, tu pourras surmonter les obstacles qui se présentent sur ton chemin et continuer à avancer vers l'accomplissement de tes objectifs personnels.

4. L'importance du soutien

Lorsque tu te lances dans une randonnée, être accompagné(e) d'autres personnes qui partagent tes objectifs et tes valeurs peut avoir un impact significatif sur ton expérience. Tout comme dans la vie, il est essentiel de t'entourer de personnes positives et bienveillantes qui peuvent t'apporter un soutien précieux tout au long de ton parcours vers l'accomplissement.

La métaphore de la randonnée met en évidence l'importance de la communauté et du soutien social. Lorsque tu randonnes avec d'autres personnes partageant les mêmes objectifs, tu bénéficies d'un esprit d'équipe et d'une camaraderie qui renforcent ta motivation et ton engagement. Ces compagnons de voyage comprennent tes défis, tes aspirations et peuvent t'offrir des conseils, des encouragements et une perspective différente lorsque tu en as besoin.

La communauté qui t'entoure peut également te fournir un soutien émotionnel. Dans les moments de doute ou de découragement, avoir des personnes bienveillantes à tes côtés peut t'apporter un réconfort et une perspective positive. Ils peuvent te rappeler tes forces, tes accomplissements passés et te motiver à continuer à avancer malgré les difficultés.

De plus, la présence d'une communauté partageant les mêmes objectifs te permet de bénéficier de l'apprentissage collectif. Chacun apporte ses expériences, ses compétences et ses connaissances, ce qui crée un environnement propice à l'échange d'idées et à la croissance mutuelle. Tu peux bénéficier des conseils et des enseignements des autres membres de ta communauté, ainsi que de leurs succès et de leurs défis, ce qui peut t'enrichir et t'inspirer dans ta propre démarche d'accomplissement.

La métaphore de la randonnée souligne également l'importance de l'entraide au sein de la communauté. Lors d'une randonnée, les membres de ton groupe peuvent se soutenir mutuellement dans les moments difficiles. Ils peuvent t'offrir une main secourable lorsque tu traverses des terrains difficiles ou t'encourager lorsque tu te sens fatigué(e). De même, dans la vie, une communauté bienveillante peut t'aider à surmonter les obstacles et à te remonter le moral lorsque tu en as besoin.

Il est donc important de t'entourer d'une communauté qui partage tes aspirations et tes valeurs. Choisis des personnes qui t'inspirent, qui te motivent et qui croient en toi. N'hésite pas à rejoindre des groupes, des associations ou des cercles sociaux qui partagent tes intérêts et tes objectifs. Cultive des relations positives et soutenantes, et veille à contribuer également à l'épanouissement des autres membres de ta communauté.

La métaphore de la randonnée te rappelle que tu n'es pas seul(e) sur ton chemin vers l'accomplissement. En t'entourant d'une communauté bienveillante, tu trouveras le soutien, la motivation et l'inspiration nécessaires pour continuer à avancer malgré les défis.

Souviens-toi que la force d'une communauté réside dans sa capacité à grandir et à s'épanouir ensemble, partageant les joies et les difficultés de chaque étape de ton parcours vers l'accomplissement.

5. La résilience et l'endurance

La randonnée est une activité qui demande de la résilience et de l'endurance. Tout au long du parcours, tu peux rencontrer des moments de fatigue, de doute ou de découragement. Cependant, la clé pour atteindre ton objectif est de continuer à avancer, pas à pas, en gardant ta vision en tête. La métaphore de la randonnée t'inspire à développer une résilience mentale et émotionnelle, à surmonter les difficultés et à persévérer, même lorsque le chemin semble ardu.

Lors d'une randonnée, tu peux faire face à des pentes raides, à des sentiers escarpés ou à des conditions météorologiques défavorables qui peuvent mettre ta résilience à l'épreuve. Il est normal de ressentir de la fatigue ou de se poser des questions sur la poursuite du chemin. Cependant, la métaphore de la randonnée t'encourage à puiser dans ta force intérieure et à rester concentré(e) sur ton objectif.

La résilience mentale et émotionnelle est la capacité de faire face aux défis, aux revers et aux obstacles avec détermination et positivité. La métaphore de la randonnée t'invite à développer cette résilience en gardant à l'esprit quelques principes importants :

- **Focalise sur l'objectif**

Garde en tête la raison pour laquelle tu as entrepris cette randonnée et rappelle-toi régulièrement de ton objectif. Lorsque tu te sens fatigué(e) ou découragé(e), rappelle-toi pourquoi tu es là et visualise l'accomplissement que tu recherches. Cela te donnera la motivation nécessaire pour continuer à avancer malgré les difficultés.

- **Prends des pauses pour te ressourcer**

La résilience ne signifie pas de continuer à avancer sans jamais te reposer. Comme lors d'une randonnée, accorde-toi des pauses régulières pour te reposer, te ravitailler et te ressourcer. Ces moments de récupération te permettront de reprendre des forces, de te recentrer et de recharger ton énergie pour continuer ta progression.

- **Cultive une mentalité positive**

La manière dont tu perçois les défis et les obstacles a un impact majeur sur ta résilience. La métaphore de la randonnée t'encourage à adopter une mentalité positive face aux difficultés. Vois-les comme des opportunités de croissance et d'apprentissage, et cherche les leçons et les enseignements qu'ils peuvent t'apporter. Trouve des raisons de gratitude et de motivation pour te soutenir dans les moments de doute.

- **Trouve du soutien**

La résilience n'est pas synonyme de devoir tout affronter seul(e). Il est important d'avoir un système de soutien solide autour de toi. Recherche des personnes positives et bienveillantes qui peuvent t'encourager, te soutenir et te donner des conseils constructifs lorsque tu rencontres des difficultés. Partager tes défis avec d'autres randonneurs peut t'apporter une nouvelle perspective, des conseils précieux et le sentiment d'appartenance à une communauté.

- **Sois flexible et adapte-toi**

Tout comme lors d'une randonnée, tu peux rencontrer des changements de direction imprévus ou des obstacles qui nécessitent une adaptation. La résilience consiste à faire preuve de flexibilité et à ajuster ta trajectoire lorsque cela est nécessaire. Accepte que les plans puissent changer et que tu puisses avoir besoin de revoir tes stratégies. L'important est de continuer à avancer avec détermination, en cherchant des alternatives et en trouvant des solutions créatives aux défis qui se présentent.

La métaphore de la randonnée t'inspire à développer une résilience mentale et émotionnelle face aux défis de la vie. En cultivant cette résilience, tu seras mieux préparé(e) à faire face aux moments de fatigue, de doute ou de découragement qui peuvent se présenter sur ton chemin. Souviens-toi que chaque pas que tu fais, malgré les difficultés, te rapproche de ton objectif. Avec persévérance, détermination et une mentalité positive, tu surmonteras les obstacles et atteindras l'accomplissement que tu recherches.

6. La célébration des étapes intermédiaires

Tout au long de la randonnée, tu atteindras différentes étapes intermédiaires qui marquent ton progrès et tes réalisations. Ces moments sont importants à célébrer, car ils représentent tes efforts, ta persévérance et les petits pas en avant que tu as accomplis. De même, dans la vie, il est essentiel de reconnaître et de célébrer les petites victoires et les étapes intermédiaires vers tes objectifs personnels. La métaphore de la randonnée te rappelle de célébrer chaque pas en avant et de reconnaître le chemin parcouru.

Lors d'une randonnée, les étapes intermédiaires peuvent être symbolisées par différents repères, tels que l'atteinte d'un sommet, la traversée d'un cours d'eau ou la découverte d'un paysage magnifique. Chacune de ces étapes représente une réalisation et un progrès vers ton objectif final. Il est important de prendre le temps de célébrer ces moments et d'apprécier les efforts que tu as déployés pour les atteindre.

Dans la vie, tu peux appliquer cette même mentalité de célébration des étapes intermédiaires. Reconnaître et apprécier les petites victoires te permet de maintenir ta motivation et de rester engagé(e) dans ton parcours. Les étapes intermédiaires peuvent être différentes pour chaque personne, en fonction de ses objectifs et de ses aspirations. Cela peut être l'obtention d'une certification, la réalisation d'un projet important, l'atteinte d'un jalon financier ou tout autre accomplissement qui représente un pas en avant vers tes aspirations.

Célébrer les étapes intermédiaires te permet de :

- **Renforcer ta confiance**

Chaque fois que tu atteins une étape intermédiaire, tu renforces ta confiance en tes capacités et en ton potentiel. La célébration de ces moments te rappelle que tu es sur la bonne voie et que tu es capable de progresser vers ton objectif. Cela renforce ta croyance en toi-même et te donne la motivation nécessaire pour continuer à avancer.

- **Cultiver la gratitude**

En célébrant les étapes intermédiaires, tu te connectes avec un sentiment de gratitude pour tes efforts, tes ressources et les personnes qui t'ont soutenu(e) tout au long de ton parcours. La gratitude t'apporte un état d'esprit positif et te permet de reconnaître les bénédictions et les opportunités que tu as rencontrées sur ton chemin.

- **Maintenir la motivation**

La célébration des étapes intermédiaires te permet de maintenir ta motivation et ton engagement envers tes objectifs. Cela te donne l'occasion de célébrer tes efforts et tes progrès, ce qui nourrit ton désir de continuer à avancer malgré les défis. La reconnaissance des étapes intermédiaires te rappelle que chaque pas en avant compte et t'encourage à continuer à persévérer.

- **Faire le point**

En célébrant les étapes intermédiaires, tu peux prendre le temps de faire le point sur ton parcours et de réévaluer tes objectifs. Cela te permet de réfléchir à tes réalisations jusqu'à présent, à ce qui fonctionne bien pour toi et à ce que tu peux ajuster pour la suite. Cela te donne également l'occasion de célébrer tes succès et de t'inspirer de tes accomplissements passés pour continuer à progresser.

La métaphore de la randonnée t'invite à reconnaître l'importance de célébrer les étapes intermédiaires sur ton chemin vers l'accomplissement. Chaque pas en avant, aussi petit soit-il, est une réalisation significative qui mérite d'être célébrée. Prends le temps de te féliciter, d'apprécier ton parcours et d'être reconnaissant(e) pour les réalisations que tu as accomplies. Cela te donnera la motivation et l'élan nécessaires pour continuer à avancer avec confiance et détermination vers tes objectifs personnels.

7. La beauté du voyage

Enfin, la métaphore de la randonnée t'invite à apprécier et à savourer le voyage lui-même, pas seulement l'arrivée à destination. Tout comme la randonnée te permet de découvrir des paysages magnifiques et d'explorer de nouveaux horizons, la vie est remplie de moments précieux et d'expériences enrichissantes. La métaphore de la randonnée t'encourage à être pleinement présent(e) et à apprécier chaque instant du voyage vers l'accomplissement de tes objectifs personnels.

Lors d'une randonnée, ce n'est pas seulement le sommet ou la destination finale qui compte, mais aussi chaque pas que tu fais en chemin. Chaque pas te permet de découvrir des paysages magnifiques, de vivre des expériences uniques et de te connecter avec la nature qui t'entoure. Tu peux observer la beauté des montagnes, écouter les chants des oiseaux, ressentir la brise sur ta peau et admirer les nuances changeantes du paysage. Chaque instant de la randonnée est une occasion d'émerveillement et d'épanouissement.

De même, la vie est un voyage rempli de moments précieux et d'expériences qui méritent d'être appréciés. Tout au long de ton cheminement vers tes objectifs personnels, il est important de rester conscient(e) et de savourer chaque étape de ton parcours. Apprécie les petites victoires, les rencontres enrichissantes, les leçons apprises et les moments de croissance personnelle. Chaque expérience, qu'elle soit joyeuse, difficile, inspirante ou surprenante, contribue à ta croissance et à ton épanouissement.

La métaphore de la randonnée t'encourage à être pleinement présent(e) et à trouver de la beauté et de la gratitude dans les moments simples de la vie. Prends le temps de savourer les petites joies, comme le sourire d'un être cher, le chant des oiseaux au réveil ou la douceur d'une brise d'été sur ta peau. Sois reconnaissant(e) pour les rencontres significatives, les leçons apprises et les moments de connexion profonde avec les autres et avec toi-même.

En étant pleinement présent(e) et en appréciant chaque instant du voyage, tu crées une expérience plus riche et plus gratifiante. Tu te connectes à la beauté qui t'entoure, aux émotions qui émanent de ton être et à la sagesse que tu acquiers en chemin. La métaphore de la randonnée t'invite à embrasser la joie du voyage et à ne pas te concentrer uniquement sur l'atteinte de tes objectifs.

En conclusion, la métaphore de la randonnée t'encourage à apprécier et à savourer le voyage vers l'accomplissement de tes objectifs personnels. Chaque pas que tu fais est précieux et chaque instant est une opportunité de croissance, d'épanouissement et de connexion profonde avec la vie qui t'entoure. En restant pleinement présent(e) et en appréciant chaque instant, tu crées une expérience de vie plus enrichissante et plus significative. Embrasse le voyage avec gratitude, ouverture d'esprit et un cœur rempli de curiosité et d'émerveillement.

Chapitre 3
L'importance du yoga dans le développement personnel

1. Connexion corps-esprit

Le yoga, en tant que pratique holistique, joue un rôle essentiel dans le développement personnel. Il offre une approche intégrée qui favorise une connexion profonde entre le corps et l'esprit. À travers les différentes dimensions du yoga, telles que les asanas (postures), la respiration consciente et la méditation, tu entretiens une relation intime avec ton corps et ton esprit.

La pratique régulière des asanas permet de cultiver une conscience corporelle aiguisée. En explorant les différentes postures et en portant une attention consciente à chaque mouvement, tu apprends à être présent(e) dans l'instant, à écouter les besoins de ton corps et à développer une relation harmonieuse avec lui. Cette conscience corporelle accrue te permet de reconnaître les tensions, les blocages et les déséquilibres, physiques et émotionnels, et de travailler à les libérer.

La respiration consciente, ou pranayama, est une composante essentielle du yoga. En accordant une attention particulière à ton souffle, tu développes une conscience profonde de ta respiration. Cela t'aide à calmer ton esprit, à réguler tes émotions et à trouver un état de calme intérieur. La respiration consciente agit comme un outil puissant pour gérer le stress, favoriser la clarté mentale et améliorer ton bien-être global.

La méditation, pratiquée dans le cadre du yoga, te permet de cultiver une présence d'esprit et une conscience élargie. En te concentrant sur un point focal, comme ta respiration, un mantra ou une sensation physique, tu entraînes ton esprit à se détacher des pensées parasites et à être pleinement présent(e) dans l'instant. La méditation régulière te permet d'explorer tes pensées, tes émotions et tes schémas de pensée, en prenant du recul et en développant une compréhension plus profonde de toi-même.

Cette connexion intime entre le corps et l'esprit, favorisée par la pratique du yoga, te permet de développer une meilleure connaissance de toi-même. Tu deviens plus attentif(ve) aux signaux que ton corps et ton esprit t'envoient, te permettant ainsi de mieux comprendre tes émotions, tes pensées et tes schémas de pensée. Cela te donne l'opportunité de travailler sur les aspects de toi-même que tu souhaites améliorer, d'identifier les schémas limitants et de développer des comportements plus alignés avec tes valeurs et tes aspirations.

Le yoga est donc bien plus qu'une pratique physique, il est une invitation à plonger au plus profond de toi-même, à explorer et à développer ton être dans sa globalité. En favorisant une connexion consciente entre le corps et l'esprit, le yoga t'offre une voie précieuse vers l'auto-connaissance, l'épanouissement personnel et le développement spirituel.

2. Gestion du stress et de l'anxiété

Le yoga est une pratique apaisante et bienfaisante qui joue un rôle essentiel dans la réduction du stress et de l'anxiété. En combinant des mouvements fluides avec une respiration profonde et consciente, le yoga permet d'activer le système parasympathique de ton corps, favorisant ainsi une réponse de relaxation naturelle.

Lorsque tu t'engages dans une séance de yoga, tu te donnes l'opportunité de ralentir, de te centrer et de libérer les tensions accumulées. Les asanas, exécutées avec une conscience et une intention claire, t'aident à relâcher les muscles tendus et à détendre le corps. Les étirements doux et les postures spécifiques visent à libérer l'énergie bloquée, à favoriser la circulation sanguine et à stimuler les points d'équilibre énergétique dans ton corps.

En même temps, la respiration profonde et consciente que tu pratiques lors du yoga a un effet direct sur ton système nerveux. La respiration diaphragmatique, également appelée respiration abdominale, permet de stimuler le nerf vague, responsable de l'activation du système parasympathique. Cela a pour effet de ralentir ton rythme cardiaque, de baisser ta tension artérielle et de favoriser une sensation de calme et de sérénité.

En activant le système parasympathique, le yoga te permet de réduire le niveau de cortisol, l'hormone du stress, dans ton corps. Cela a un impact positif sur ton bien-être émotionnel en diminuant les effets néfastes du stress et de l'anxiété. En pratiquant régulièrement le yoga, tu apprends à cultiver cet état de relaxation profonde et à le transporter dans ta vie quotidienne. Tu acquiers des outils pour faire face aux défis et aux pressions du quotidien avec plus de calme, de résilience et de clarté mentale.

De plus, la pratique du yoga favorise également la libération d'endorphines, les hormones du bien-être, dans ton corps. Ces substances chimiques naturelles produisent une sensation de joie, de bien-être et de satisfaction. En pratiquant régulièrement le yoga, tu nourris ton esprit et ton corps de ces éléments positifs, ce qui contribue à ton équilibre émotionnel global.

En résumé, le yoga est une pratique apaisante qui t'aide à réduire le stress et l'anxiété. En combinant des mouvements fluides avec une respiration profonde et consciente, tu actives le système parasympathique de ton corps, favorisant une réponse de relaxation. Cela te permet de faire face aux défis quotidiens avec calme et sérénité, en réduisant les effets néfastes du stress sur ton bien-être émotionnel. Le yoga devient ainsi un précieux outil pour cultiver ton équilibre intérieur et pour favoriser un mode de vie sain et épanouissant.

3. Développement de la flexibilité mentale

Le yoga va bien au-delà de la flexibilité physique, il encourage également la flexibilité mentale et émotionnelle. En pratiquant les différentes postures et séquences, tu te retrouves souvent confronté(e) à des positions inhabituelles ou à des défis physiques qui nécessitent une adaptation et une ouverture d'esprit.

Lorsque tu te trouves dans une posture qui semble difficile ou inconfortable, le yoga t'encourage à explorer ta relation avec l'inconfort. Tu apprends à être présent(e) dans l'instant, à observer les sensations dans ton corps et à observer tes réactions mentales. Cette prise de conscience te permet de développer une plus grande flexibilité mentale en acceptant et en accueillant les sensations et les émotions qui se présentent, plutôt que de les rejeter ou de les éviter.

La pratique du yoga t'invite également à sortir de ta zone de confort. Lorsque tu essaies de nouvelles postures ou que tu explores de nouvelles séquences, tu peux rencontrer des situations où tu te sens incertain(e) ou où tu te retrouves face à des limites que tu pensais infranchissables. C'est à ce moment-là que tu peux cultiver la flexibilité mentale en t'ouvrant à l'inconnu, en te libérant des schémas de pensée rigides et en embrassant la possibilité de croissance et d'expansion personnelle.

Cette capacité à s'adapter et à se libérer des schémas de pensée rigides développée à travers la pratique du yoga s'étend à ta vie quotidienne. Tu commences à réaliser que les changements et les défis font partie intégrante de la vie, et que la résistance ou la fixation sur des attentes rigides ne sont pas toujours bénéfiques. Au contraire, la flexibilité mentale te permet de faire face aux changements avec une attitude plus ouverte, de trouver des solutions créatives aux problèmes et d'accueillir de nouvelles opportunités de croissance et d'épanouissement.

En développant la flexibilité mentale à travers le yoga, tu gagnes en adaptabilité, en ouverture d'esprit et en résilience émotionnelle. Tu apprends à faire face aux imprévus et aux transitions de la vie avec plus de souplesse et de confiance en toi. Cela te permet de mieux gérer le stress, les défis professionnels et les relations interpersonnelles, en cultivant une attitude de curiosité, de lâcher-prise et de confiance en ton propre processus d'évolution.

En résumé, le yoga encourage non seulement la flexibilité physique, mais aussi la flexibilité mentale et émotionnelle. À travers la pratique des postures et des séquences, tu apprends à sortir de ta zone de confort et à accueillir l'inconnu. Cette capacité à s'adapter et à se libérer des schémas de pensée rigides te permet de faire face aux changements de la vie avec plus de souplesse et d'ouverture d'esprit. Le yoga devient ainsi un puissant outil de développement personnel, te permettant de cultiver une flexibilité mentale qui se reflète dans tous les aspects de ta vie.

4. Renforcement de la confiance en soi

Le yoga offre un espace sûr et bienveillant pour te défier et repousser tes limites physiques, mentales et émotionnelles. Au fur et à mesure que tu pratiques régulièrement, tu remarques des progrès tangibles dans ta force physique, ta souplesse et ta capacité à maîtriser de nouvelles postures. Ce processus d'amélioration et de développement physique crée un effet positif sur ton estime de soi et ta confiance en toi.

En observant tes progrès et en constatant ta capacité à accomplir des choses que tu ne pensais pas possibles auparavant, tu te rends compte de ta force intérieure et de ton potentiel. Cela renforce ta confiance en toi et te rappelle que tu es capable d'atteindre des objectifs difficiles si tu y mets de l'effort et de la persévérance. Cette confiance acquise dans le cadre du yoga se transfère dans d'autres aspects de ta vie, te permettant de relever des défis avec une attitude plus positive et assurée.

Le yoga t'invite également à cultiver la bienveillance envers toi-même. Dans une pratique de yoga authentique, il n'y a pas de jugement ni de compétition avec les autres ou avec toi-même. Au lieu de cela, tu es encouragé(e) à écouter ton corps, à respecter tes limites et à t'accepter tel(le) que tu es dans l'instant présent. Cette attitude de bienveillance envers toi-même se manifeste à la fois sur le tapis de yoga et dans ta vie quotidienne.

En pratiquant le yoga, tu développes une meilleure connexion avec ton corps et tes émotions. Tu apprends à écouter les signaux de ton corps et à répondre à ses besoins de manière respectueuse et aimante. Cela se traduit par une meilleure prise de conscience de toi-même et de tes limites, ainsi que par une capacité accrue à prendre soin de toi sur les plans physique, mental et émotionnel.

La pratique régulière du yoga t'invite à t'accepter tel(le) que tu es, avec toutes tes forces et tes faiblesses. Au lieu de chercher la perfection ou de te comparer aux autres, tu apprends à embrasser ta propre individualité et à te concentrer sur ton propre cheminement. Cette acceptation de soi te libère des pressions externes et te permet de vivre pleinement dans l'instant présent, en embrassant ta véritable essence.

En résumé, le yoga est un espace où tu peux te défier, repousser tes limites et constater tes progrès. Cela renforce ta confiance en toi et ta confiance en tes capacités à surmonter des défis. De plus, le yoga t'invite à cultiver la bienveillance envers toi-même, à t'accepter tel(le) que tu es et à te connecter avec ton corps et tes émotions. Cette pratique régulière du yoga crée une base solide pour développer une estime de soi positive et une confiance en toi durable, qui se reflètent dans tous les aspects de ta vie.

5. Cultivation de la présence et de la pleine conscience

Le yoga est un outil puissant pour cultiver la pleine conscience et ramener ton attention à l'instant présent. Dans la pratique du yoga, tu es encouragé(e) à porter une attention intentionnelle à chaque respiration, à chaque mouvement et à chaque sensation de ton corps. Cette conscience aiguisée te permet de ralentir et de te connecter profondément à l'expérience présente.

En prenant conscience de ton corps et de tes sensations pendant la pratique du yoga, tu développes une capacité à être pleinement présent(e) dans le moment. Tu te détaches des distractions extérieures et des préoccupations futures ou passées. Cela crée un espace intérieur où tu peux trouver du calme et de la clarté, te permettant de vivre pleinement chaque instant.

Cette pleine conscience développée grâce au yoga ne se limite pas seulement à la pratique sur le tapis, mais s'étend à tous les aspects de ta vie. Tu commences à porter une attention plus consciente à tes actions, tes interactions et tes choix quotidiens. Tu deviens plus sensible aux détails et aux beautés subtiles de la vie qui passent souvent inaperçus.

Être pleinement conscient(e) dans le moment présent te permet d'apprécier davantage les moments simples de la vie. Tu peux goûter pleinement chaque bouchée de nourriture, sentir la douceur de la brise sur ta peau, ou écouter attentivement les paroles de tes proches. Cela crée une expérience plus riche et plus profonde de la réalité.

De plus, la pleine conscience favorisée par le yoga te permet d'être plus conscient(e) de tes pensées et de tes émotions. Tu apprends à observer tes pensées sans les juger ni t'y attacher. Cela te donne une plus grande liberté de choisir comment tu réagis aux différentes situations de la vie. Tu peux faire preuve de plus de discernement et de sagesse dans tes décisions, plutôt que de réagir automatiquement à partir de schémas de pensée habituels.

La pratique régulière du yoga renforce ton ancrage dans l'instant présent. Tu apprends à accueillir les défis et les moments de bonheur avec une ouverture d'esprit et une curiosité. Cette capacité à vivre pleinement chaque instant te permet de créer des expériences plus significatives et de ressentir une plus grande satisfaction dans ta vie.

En résumé, le yoga te ramène constamment à l'instant présent en cultivant la pleine conscience. Cette pleine conscience te permet d'apprécier les moments présents, d'être plus attentif(ve) à tes actions et tes choix, et de vivre plus intensément chaque instant. La pratique régulière du yoga crée une base solide pour une vie consciente, épanouissante et pleinement vécue.

6. Exploration de la spiritualité

Le yoga, avec ses racines anciennes, est intimement lié à la spiritualité. Il offre une voie pour explorer et cultiver une connexion profonde avec soi-même, avec les autres et avec le monde qui nous entoure, quelles que soient nos croyances spirituelles.

Dans la pratique du yoga, tu es invité(e) à porter ton attention sur ton être intérieur, à écouter ta voix intérieure et à te connecter à ton essence profonde. À travers les asanas, la respiration consciente et la méditation, tu peux créer un espace pour explorer ta propre spiritualité et trouver un sens plus profond dans ta vie.

Le yoga te donne la possibilité de te connecter à quelque chose de plus grand que toi, que ce soit à travers une vision spirituelle traditionnelle ou simplement en reconnaissant l'interconnexion de toutes les formes de vie. Cela peut nourrir un sentiment de transcendance et t'inspirer à vivre en harmonie avec les autres et avec la nature.

La pratique régulière du yoga peut également favoriser une ouverture d'esprit et une acceptation des différentes croyances et spiritualités. En se connectant avec ton propre être intérieur, tu peux développer une compréhension plus profonde de toi-même et des autres, et cultiver la compassion et l'empathie envers toutes les formes de spiritualité.

Le yoga offre un espace sacré pour explorer tes propres questions spirituelles, découvrir ce qui résonne en toi et cultiver ta propre connexion spirituelle. Il peut t'aider à trouver la paix intérieure, l'épanouissement et le sens dans ta vie, quelles que soient tes croyances ou ta quête spirituelle.

Il est important de souligner que le yoga est une pratique personnelle et que chacun peut interpréter et vivre sa spiritualité d'une manière unique. Que tu considères le yoga comme une pratique spirituelle ou simplement comme un moyen de te connecter à ton essence profonde, il te permet d'explorer ta propre spiritualité de manière authentique et significative.

En résumé, le yoga a des racines profondes dans la spiritualité et peut t'inviter à explorer ta propre spiritualité, quelle que soit ta croyance. C'est une pratique qui te permet de cultiver une connexion plus profonde avec toi-même, avec les autres et avec l'univers. Que ce soit en développant une vision spirituelle traditionnelle ou en nourrissant une compréhension plus large de la spiritualité, le yoga offre un espace sacré pour explorer et vivre ta propre spiritualité de manière authentique.

Chapitre 4

Se libérer des chaînes émotionnelles

Explorer tes émotions : comprendre l'importance de reconnaître, exprimer et gérer tes émotions de manière saine et constructive.

1. Reconnaître tes émotions

- Prendre conscience de tes émotions est une première étape importante dans ton cheminement vers un développement personnel émotionnellement épanoui. Cela implique de te connecter avec toi-même et de devenir attentif(ve) aux signaux que ton corps et ton esprit te donnent, afin d'identifier et de nommer tes émotions.

Pour prendre conscience de tes émotions, accorde-toi des moments de calme et de solitude propices à l'introspection. Crée un espace où tu te sens en sécurité et libre d'explorer tes émotions sans jugement. Cela peut être un coin tranquille chez toi, un endroit en pleine nature ou tout autre lieu où tu te sens à l'aise.

Dans cet espace de quiétude, ferme les yeux, respire profondément et dirige ton attention vers l'intérieur. Prends conscience de tes sensations physiques, des battements de ton cœur, de ta respiration, des tensions éventuelles dans ton corps. Ces signaux corporels peuvent être des indices révélateurs de tes émotions.

Ensuite, dirige ton attention vers tes pensées et tes sentiments. Prends le temps d'observer tes pensées et les éventuelles récurrences de certains schémas de pensée. Note également les sentiments qui émergent en toi, même s'ils semblent subtils ou confus. Sois patient(e) et bienveillant(e) envers toi-même, car cela peut demander un certain temps et une pratique régulière pour développer cette conscience émotionnelle.

Une fois que tu es en mesure de repérer et d'observer tes émotions, nomme-les. Utilise un vocabulaire émotionnel précis pour décrire ce que tu ressens. Par exemple, tu peux te rendre compte que tu ressens de la joie, de la tristesse, de la colère, de la peur, de l'excitation, de la gratitude ou tout autre sentiment spécifique. Nommer tes émotions t'aide à les reconnaître et à te connecter avec elles de manière plus consciente.

Il est important de rappeler qu'il n'y a pas de bonnes ou de mauvaises émotions. Toutes les émotions sont valides et font partie de notre expérience humaine. Lorsque tu prends conscience de tes émotions, évite de les juger ou de les réprimer. Accepte-les et accueille-les avec bienveillance. Souviens-toi que tes émotions ont un message à te transmettre et qu'elles sont là pour te guider dans ta vie.

La prise de conscience de tes émotions t'ouvre la porte à une meilleure compréhension de toi-même. Elle te permet de te connecter avec ton être intérieur, de cultiver une relation plus authentique avec toi-même et d'agir en accord avec tes besoins et tes valeurs. Cette prise de conscience t'offre également la possibilité d'explorer tes émotions plus en profondeur, de mieux les comprendre et de les gérer de manière saine et constructive.

Prends le temps de te connecter avec tes émotions chaque jour, car cela t'aidera à développer une conscience émotionnelle plus riche et une meilleure compréhension de toi-même. Souviens-toi que la prise de conscience est un processus continu et qu'elle peut évoluer avec le temps. Sois patient(e) et curieux(se) de tes émotions, car elles sont une part essentielle de ton expérience humaine.

- Prendre conscience de tes émotions est un élément clé de ton développement personnel. Cela te permet de te connecter avec toi-même de manière profonde et authentique, en reconnaissant et en comprenant les émotions qui se manifestent en toi.

Pour commencer, accorde-toi des moments de calme et de solitude. Cela peut être quelques minutes chaque jour, ou un moment plus prolongé où tu peux te retirer dans un endroit tranquille. Crée un espace propice à l'introspection, où tu te sens à l'aise et en sécurité.

Ferme les yeux et dirige ton attention vers ton corps. Prends conscience de tes sensations physiques, des battements de ton cœur, de ta respiration, de la tension éventuelle que tu peux ressentir dans certaines parties de ton corps. Ces sensations peuvent être des signaux indiquant la présence d'émotions.

Ensuite, laisse tes pensées et tes sentiments émerger naturellement. Observe tes pensées sans les juger, simplement en les laissant passer comme des nuages dans le ciel. Sois attentif(ve) aux éventuelles répétitions de certains schémas de pensée, ainsi qu'aux sentiments qui accompagnent ces pensées.

Lorsque tu identifies une émotion, prends le temps de la nommer. Utilise un vocabulaire émotionnel précis pour décrire ce que tu ressens. Cela peut inclure des émotions de base telles que la joie, la tristesse, la colère, la peur, mais aussi des émotions plus subtiles ou complexes. Nommer tes émotions t'aide à les reconnaître et à les différencier les unes des autres.

Il est important de rappeler que toutes les émotions sont valides. Évite de les juger ou de les réprimer. Chaque émotion a sa raison d'être et te donne des informations précieuses sur toi-même et sur ce qui se passe dans ta vie. Accueille tes émotions avec bienveillance et ouverture d'esprit.

En prenant conscience de tes émotions, tu développes une meilleure compréhension de toi-même. Tu te connectes avec ton être intérieur, tes besoins, tes valeurs et tes aspirations. Cette prise de conscience te permet également de mieux comprendre comment tes émotions influencent tes pensées, tes comportements et tes relations.

En étant conscient(e) de tes émotions, tu peux mieux gérer tes réactions et prendre des décisions éclairées. Tu es plus à même de répondre de manière appropriée aux différentes situations de la vie, plutôt que de réagir de manière automatique ou impulsive. Tu peux choisir des actions qui sont en alignement avec tes valeurs et qui contribuent à ton bien-être global.

La prise de conscience de tes émotions est un processus continu et évolutif. Cela demande de la pratique et de la patience. Plus tu t'entraînes à observer et à reconnaître tes émotions, plus tu développes ta conscience émotionnelle et ta capacité à vivre de manière authentique.

En somme, prendre conscience de tes émotions te permet de te connecter avec toi-même de manière profonde et de mieux comprendre ce qui se passe en toi. C'est une étape essentielle pour ton développement personnel et émotionnel. Sois bienveillant(e) envers toi-même pendant ce processus, car il peut parfois être intense ou délicat. Permets-toi d'explorer tes émotions avec curiosité et ouverture d'esprit, et tu découvriras une richesse intérieure insoupçonnée.

2. Exprimer tes émotions

- Trouver des modes d'expression adaptés pour exprimer tes émotions est essentiel dans ton cheminement de développement personnel. Chaque individu est unique, et il est important d'identifier les moyens qui te permettent de t'exprimer de manière authentique et satisfaisante. Il existe de nombreuses formes d'expression artistique et de communication qui peuvent te servir de véhicules pour tes émotions.

L'écriture est l'un des moyens les plus couramment utilisés pour exprimer les émotions. Que ce soit à travers la tenue d'un journal intime, la rédaction de poèmes, de chansons ou d'histoires, l'écriture te permet de donner une voix à tes émotions. Tu peux y décrire tes sentiments, tes expériences, tes réflexions et tes aspirations. Cette forme d'expression intime t'aide à clarifier tes pensées et à libérer tes émotions.

Le dessin et la peinture sont également de puissants moyens d'expression. Même si tu n'es pas un artiste professionnel, laisse libre cours à ta créativité en utilisant des couleurs, des formes et des textures pour représenter tes émotions. Cette forme d'expression visuelle te permet de communiquer des sentiments profonds d'une manière non verbale et libératrice.

La musique offre une voie unique pour exprimer les émotions. Que ce soit en jouant d'un instrument, en chantant ou en composant des morceaux, la musique te permet de traduire les sentiments qui résident en toi en une mélodie, en des paroles et en des rythmes. Elle te donne la liberté d'extérioriser tes émotions de manière authentique et sans jugement.

Le mouvement corporel est une autre forme d'expression puissante. La danse, le yoga, le tai-chi ou toute autre pratique qui met en mouvement ton corps te permet de libérer et d'exprimer tes émotions à travers des gestes, des postures et des mouvements. Laisse ton corps être le canal à travers lequel tes émotions peuvent prendre vie.

La conversation et le partage avec les autres sont également des moyens importants pour exprimer tes émotions. Trouve des personnes de confiance avec qui tu te sens à l'aise de partager ce que tu ressens. Une conversation honnête et ouverte peut t'offrir un soutien, des perspectives différentes et une validation émotionnelle.

Expérimente différentes méthodes d'expression et reste ouvert(e) à de nouvelles formes artistiques ou de communication. Chacune a ses avantages et peut résonner différemment en toi. Ce qui importe, c'est de trouver les moyens qui te permettent de t'exprimer de manière authentique, libératrice et constructive.

En utilisant ces modes d'expression adaptés, tu peux donner une voix à tes émotions, les extérioriser et les partager avec le monde. Cela te permet de mieux comprendre et de mieux gérer tes émotions, ainsi que d'établir des connexions plus profondes avec toi-même et avec les autres. N'aie pas peur d'explorer et d'expérimenter, car c'est par l'expression de tes émotions que tu nourris ta croissance personnelle et ton épanouissement émotionnel.

- Cultiver des relations de confiance est essentiel dans ton parcours de développement personnel et émotionnel. Trouver des personnes de confiance avec lesquelles tu te sens à l'aise de partager tes émotions peut être une véritable bouée de sauvetage dans les moments de difficulté et une source de soutien précieux pour t'écouter et te comprendre.

Les amis proches sont souvent les premières personnes vers lesquelles se tourner pour partager ses émotions. Ces personnes partagent une connexion profonde avec toi, te connaissent bien et peuvent offrir un espace sûr pour exprimer tes sentiments. Ils peuvent t'apporter leur soutien inconditionnel, te donner des conseils éclairés ou simplement t'écouter sans jugement.

Les membres de ta famille peuvent également jouer un rôle important dans la création d'un environnement de confiance. Les liens familiaux peuvent être une source de soutien solide et durable. Les membres de ta famille peuvent te fournir un soutien émotionnel et une compréhension profonde, car ils te connaissent depuis longtemps et ont souvent vécu avec toi de nombreux moments de joie et de peine.

Dans certains cas, faire appel à un professionnel de la santé mentale peut être bénéfique. Les psychologues, les psychothérapeutes ou les conseillers sont formés pour t'écouter de manière empathique, te guider dans ton exploration émotionnelle et te fournir des outils pour mieux gérer tes émotions. Ils offrent un espace confidentiel où tu peux te sentir en sécurité pour partager tes émotions sans crainte de jugement.

Il est important de noter que cultiver des relations de confiance ne se limite pas seulement à partager tes émotions, mais aussi à écouter et soutenir les autres dans leurs propres défis émotionnels. Une relation de confiance est basée sur l'écoute mutuelle, le respect et l'empathie.

Lorsque tu cherches à développer des relations de confiance, n'hésite pas à prendre le temps de choisir les personnes avec qui tu partages tes émotions. Cherche des personnes qui démontrent une ouverture d'esprit, une compréhension et un respect envers tes émotions. La confiance mutuelle et la capacité de se soutenir les uns les autres sont des fondements importants pour établir des relations solides.

En fin de compte, cultiver des relations de confiance te donne un espace où tu peux être toi-même, exprimer tes émotions en toute authenticité et recevoir un soutien bienveillant. Ces relations te permettent de te sentir compris(e), accepté(e) et aimé(e), ce qui favorise ton développement personnel et émotionnel. N'oublie pas que tu mérites d'être entouré(e) de personnes qui t'encouragent et t'accompagnent sur ton chemin de croissance.

3. Gérer tes émotions

- Développer l'intelligence émotionnelle est une compétence clé dans ton cheminement de développement personnel. Cela implique d'apprendre à identifier les déclencheurs émotionnels et les schémas de pensée qui influencent tes réactions émotionnelles. En développant cette intelligence émotionnelle, tu seras en mesure de mieux comprendre et gérer tes émotions, et d'adopter des réponses plus adaptées face aux situations de la vie.

La première étape pour développer ton intelligence émotionnelle est d'apprendre à reconnaître tes déclencheurs émotionnels. Ce sont les événements, les personnes, les mots ou les situations qui peuvent provoquer une réaction émotionnelle intense en toi. Prends le temps d'observer ces moments où tu te sens submergé(e) par une émotion et essaie de comprendre ce qui a déclenché cette réaction. Cela peut être utile de tenir un journal où tu notes ces déclencheurs afin de mieux les comprendre et de mieux les gérer à l'avenir.

En parallèle, sois attentif(ve) à tes schémas de pensée. Les pensées que tu entretiens vis-à-vis de toi-même, des autres et des situations peuvent influencer tes réactions émotionnelles. Par exemple, des croyances négatives sur toi-même peuvent amplifier des émotions telles que la colère ou la tristesse. Prends conscience de ces schémas de pensée et évalue s'ils sont réalistes ou s'ils sont biaisés. En adoptant une pensée plus réaliste et équilibrée, tu peux modérer tes réactions émotionnelles.

Une fois que tu as identifié tes déclencheurs émotionnels et tes schémas de pensée, travaille sur la régulation émotionnelle. Apprends des techniques de gestion du stress, de relaxation ou de méditation qui te permettent de réduire l'intensité des émotions négatives et de retrouver un état de calme intérieur. La respiration profonde, la visualisation positive ou l'exercice physique peuvent être des outils efficaces pour réguler tes émotions.

En parallèle, développe ton empathie envers toi-même et envers les autres. L'empathie consiste à reconnaître et à comprendre les émotions des autres, ainsi que les raisons qui les sous-tendent. En développant ton empathie, tu pourras mieux comprendre tes propres émotions et celles des autres, ce qui facilitera les interactions sociales et renforcera tes relations interpersonnelles.

Enfin, pratique l'intelligence émotionnelle dans tes interactions quotidiennes. Sois conscient(e) de tes propres émotions et de celles des autres, et essaie d'adopter des réponses émotionnelles appropriées. Cela signifie prendre le temps de réfléchir avant de réagir, choisir des mots et des actions qui sont alignés avec tes valeurs et qui favorisent une communication ouverte et respectueuse.

Développer ton intelligence émotionnelle demande de la pratique et de la persévérance. Sois patient(e) avec toi-même et accorde-toi le temps nécessaire pour intégrer ces compétences. En développant cette intelligence émotionnelle, tu seras en mesure de mieux comprendre et gérer tes émotions, de favoriser des relations interpersonnelles plus saines et de prendre des décisions plus éclairées dans tous les domaines de ta vie.

- Pratiquer la régulation émotionnelle est essentiel pour cultiver ton équilibre émotionnel et ton bien-être. Cela implique d'adopter des techniques qui te permettent de gérer tes émotions de manière saine et constructive. Parmi ces techniques, on trouve la respiration profonde, la relaxation, la méditation et le mouvement physique.

La respiration profonde est une pratique simple mais puissante pour réguler tes émotions. En prenant conscience de ta respiration et en la rendant plus lente et plus profonde, tu envoies un signal à ton corps et à ton esprit pour se détendre. La respiration profonde peut être utilisée dans les moments de stress, de tension ou d'anxiété. En te concentrant sur ta respiration, tu apaises ton système nerveux et favorises une sensation de calme et de clarté.

La relaxation est une technique qui t'aide à relâcher les tensions physiques et mentales, ce qui contribue à réguler tes émotions. Il existe de nombreuses approches de relaxation, telles que la relaxation musculaire progressive, la visualisation guidée ou l'écoute de musique apaisante. Ces pratiques t'invitent à te détendre, à relâcher les tensions accumulées et à retrouver un état de tranquillité intérieure.

La méditation est une pratique qui favorise la pleine conscience et l'observation neutre de tes pensées et de tes émotions. En méditant régulièrement, tu développes une plus grande conscience de tes états émotionnels et tu apprends à les accepter sans jugement. La méditation te permet de te détacher des pensées et des émotions négatives, et de cultiver un espace de calme intérieur et de clarté.

Le mouvement physique, comme l'exercice régulier, peut également jouer un rôle crucial dans la régulation émotionnelle. Lorsque tu t'engages dans une activité physique, ton corps libère des endorphines, des hormones qui favorisent une sensation de bien-être et de soulagement du stress. L'exercice physique régulier peut être une excellente façon de canaliser et de libérer les émotions accumulées, tout en renforçant ton équilibre émotionnel et ta santé globale.

Il est important de noter que chacun peut trouver des techniques de régulation émotionnelle qui lui conviennent le mieux. Ce qui fonctionne pour une personne peut ne pas fonctionner pour une autre. Il est donc recommandé d'explorer différentes pratiques et d'observer comment elles affectent ton équilibre émotionnel. Certaines personnes trouvent un soulagement dans la pratique de la pleine conscience, tandis que d'autres préfèrent s'engager dans une activité physique comme la danse, le yoga ou la marche en pleine nature.

En pratiquant régulièrement ces techniques de régulation émotionnelle, tu peux développer une capacité à gérer tes émotions de manière plus harmonieuse et équilibrée. Cela te permet de faire face aux défis de la vie avec calme et résilience, tout en favorisant ton bien-être global. N'hésite pas à expérimenter différentes techniques et à trouver celles qui te permettent de te sentir le mieux dans ton corps et dans ton esprit.

- Trouver un équilibre entre l'expression et la maîtrise de tes émotions est essentiel pour ton bien-être émotionnel. Il s'agit d'apprendre à reconnaître quand et comment exprimer tes émotions de manière constructive, tout en évitant de les réprimer ou de les laisser déborder de façon excessive.

L'expression émotionnelle est importante pour ta santé émotionnelle. C'est le moyen de libérer tes émotions, de les partager avec les autres et de te sentir authentique. Lorsque tu ressens une émotion, il est essentiel de l'identifier, de l'accepter et de lui donner une voix. L'expression émotionnelle peut se faire de différentes manières, que ce soit par la parole, l'écriture, l'art, le mouvement corporel ou d'autres formes d'expression créative. Cela te permet de communiquer tes besoins, tes préoccupations et tes désirs, tout en favorisant une compréhension mutuelle dans tes relations.

Cependant, il est également important de trouver un équilibre en maîtrisant tes émotions. La maîtrise émotionnelle implique de développer une capacité à réguler tes réactions émotionnelles et à les exprimer de manière appropriée selon le contexte. Cela signifie prendre le temps de réfléchir avant de réagir impulsivement, d'adopter une communication respectueuse et de trouver des solutions constructives aux conflits. La maîtrise émotionnelle te permet d'éviter de laisser tes émotions prendre le contrôle de tes actions et de tes relations.

Trouver cet équilibre demande de la conscience et de la pratique. Commence par prendre conscience de tes émotions et de leurs manifestations physiques. Lorsque tu te sens submergé(e) par une émotion intense, prends une pause et accorde-toi un moment pour te calmer et pour identifier l'émotion que tu ressens. Ensuite, évalue la situation et décide comment tu peux exprimer cette émotion de manière constructive. Cela peut impliquer de partager tes sentiments avec une personne de confiance, d'écrire dans un journal, de pratiquer des techniques de relaxation ou de trouver un moyen créatif d'exprimer tes émotions.

Il est important de noter que chacun a sa propre manière d'exprimer et de maîtriser ses émotions. Ce qui fonctionne pour toi peut être différent de ce qui fonctionne pour quelqu'un d'autre. Sois ouvert(e) à l'exploration de différentes approches et expérimente celles qui te conviennent le mieux. La clé est de trouver un équilibre qui te permet de t'exprimer de manière authentique tout en maintenant des relations saines et respectueuses.

En développant ta capacité à trouver cet équilibre entre l'expression et la maîtrise émotionnelle, tu te donnes les outils nécessaires pour vivre de manière émotionnellement épanouissante. Cela te permet de communiquer tes émotions de manière constructive, d'établir des relations positives et de maintenir ton équilibre émotionnel dans différentes situations de la vie.

4. Cultiver l'empathie

- Comprendre les émotions des autres est une compétence clé pour établir des relations harmonieuses et significatives. Cela implique de développer ta capacité à reconnaître et à comprendre les émotions que les autres expriment, ainsi que d'adopter une attitude empathique et bienveillante envers eux.

La première étape pour comprendre les émotions des autres est d'être attentif(ve) aux signaux émotionnels non verbaux. Les émotions peuvent être exprimées à travers le langage corporel, les expressions faciales, les intonations de voix et d'autres indices subtils. Sois attentif(ve) à ces signaux et essaie de les interpréter avec empathie. Par exemple, une personne qui a les sourcils froncés et les bras croisés peut exprimer de la frustration ou de la colère.

En parallèle, sois à l'écoute active lorsque les autres partagent leurs émotions verbalement. Accorde-leur ton attention pleine et entière, sans jugement ni interruption. Fais preuve d'empathie en te mettant à leur place et en imaginant ce qu'ils peuvent ressentir. Pose des questions ouvertes pour approfondir leur expérience émotionnelle et montre-leur que tu es réellement intéressé(e) par ce qu'ils ressentent.

La pratique de la validation émotionnelle est également essentielle pour comprendre les émotions des autres. La validation consiste à reconnaître et à accepter les émotions de l'autre, même si tu ne les comprends pas complètement. Exprime ton empathie et ta compréhension en disant des phrases telles que "Je comprends que tu te sentes triste/frustré(e)/heureux(se) dans cette situation" ou "Il est tout à fait normal de ressentir cela dans cette circonstance". La validation émotionnelle renforce le lien émotionnel avec les autres et crée un environnement propice à une communication ouverte et sincère.

Il est important de noter que comprendre les émotions des autres ne signifie pas que tu devrais absorber ou résoudre leurs émotions pour eux. Chacun est responsable de ses propres émotions. Ton rôle est d'être un soutien empathique et de fournir un espace sûr où ils peuvent exprimer leurs émotions librement. Évite de minimiser ou de juger leurs émotions, même si tu ne les comprends pas complètement. Respecte leur expérience émotionnelle et montre-leur que tu es là pour eux.

En développant ta capacité à comprendre les émotions des autres, tu favorises une meilleure communication et une connexion plus profonde avec les personnes qui t'entourent. Cela renforce également ton intelligence émotionnelle globale et contribue à créer des relations harmonieuses et enrichissantes. Sois ouvert(e) à l'apprentissage continu et à l'amélioration de cette compétence, car cela t'apportera des avantages significatifs dans ta vie personnelle et professionnelle.

- Pratiquer l'écoute active est une compétence précieuse pour favoriser des relations authentiques et compatissantes. Cela implique d'accorder une attention pleine et entière à ce que l'autre personne exprime, en mettant de côté tout jugement ou préjugé. En écoutant activement les émotions des autres, tu leur offres un espace sûr pour s'exprimer et tu renforces la connexion émotionnelle entre vous.

L'écoute active commence par être présent(e) dans le moment présent et prêt(e) à recevoir les émotions de l'autre personne. Cela signifie être attentif(ve) à ses paroles, à ses expressions faciales, à son langage corporel et à sa tonalité de voix. Fais preuve d'empathie et essaie de comprendre ce qu'elle ressent en te mettant à sa place. Évite de porter des jugements ou de minimiser ses émotions, car cela peut invalider ses sentiments et créer une distance dans la communication.

Pour montrer que tu écoutes activement, utilise des signes verbaux et non verbaux d'encouragement. Fais des petits bruits d'acquiescement pour montrer que tu suis la conversation, hoche la tête pour montrer ton intérêt et utilise des phrases telles que "Je comprends" ou "Je suis là pour toi". Ces signes témoignent de ton engagement et encouragent l'autre personne à s'ouvrir davantage.

Lorsque l'autre personne exprime ses émotions, évite de monopoliser la conversation ou de l'interrompre. Permets-lui de s'exprimer pleinement en lui donnant suffisamment de temps pour partager ses sentiments et ses expériences. Sois patient(e) et laisse les silences s'installer si nécessaire, car cela peut encourager la personne à approfondir ses émotions et à se sentir entendue.

En écoutant activement les émotions des autres, tu leur montres que tu les respectes et que tu te soucies d'eux. Cela crée un climat de confiance et de soutien, ce qui favorise une communication plus ouverte et authentique. En te concentrant sur leurs émotions, tu construis une connexion émotionnelle plus profonde, ce qui renforce les liens relationnels et encourage une compréhension mutuelle.

Il est important de souligner que l'écoute active ne signifie pas que tu dois résoudre les problèmes ou les émotions de l'autre personne. Ton rôle est de fournir un espace d'écoute bienveillante et d'empathie. Parfois, la simple validation des émotions de l'autre personne peut être suffisante pour lui apporter du réconfort et du soutien.

En pratiquant régulièrement l'écoute active, tu développes une compétence précieuse qui renforce tes relations interpersonnelles. Cela te permet de créer un environnement propice à l'expression émotionnelle, à la compréhension mutuelle et à l'empathie. Sois ouvert(e) à l'apprentissage et à l'amélioration de cette compétence, car elle te sera bénéfique dans de nombreux aspects de ta vie personnelle et professionnelle.

Chapitre 5

Oser prendre des décisions pour ton bonheur

Suivre ton cœur

Comprendre les défis et les opportunités qui accompagnent le fait de tomber amoureux d'un collègue implique d'examiner attentivement la situation et de prendre en compte plusieurs aspects importants. Voici quelques sous-parties pour approfondir cette idée

1. Les défis potentiels

- Lorsque l'amour se développe entre collègues, il est important de prendre en considération les défis qui peuvent surgir au sein de la dynamique professionnelle. La proximité que vous partagez dans l'environnement de travail peut créer des conflits d'intérêts potentiels, surtout si vos rôles ou départements sont interconnectés et que vos décisions peuvent avoir un impact direct sur l'autre personne. Il est essentiel d'être conscient(e) de ces enjeux et de trouver des moyens de les gérer de manière transparente et équitable.

De plus, les problèmes de confidentialité peuvent se poser lorsque vous êtes tous deux impliqués dans des informations sensibles ou confidentielles. Il est important de respecter les protocoles de confidentialité de l'entreprise et de veiller à ce que les informations sensibles ne soient pas compromises en raison de votre relation amoureuse. Cela peut nécessiter une communication claire et des mesures spécifiques pour préserver la confidentialité et maintenir la confiance au sein de l'organisation.

Il est également crucial de prendre en compte les possibles répercussions sur les autres collègues et la dynamique de l'équipe. Une relation amoureuse entre collègues peut potentiellement perturber l'harmonie au sein de l'équipe ou créer des malaises si des favoritismes sont perçus. Il est important de maintenir une équité et une neutralité professionnelles dans vos interactions avec les autres membres de l'équipe pour préserver un environnement de travail sain et respectueux.

Enfin, il est essentiel de se familiariser avec les politiques et les règles de l'entreprise concernant les relations amoureuses entre collègues. Certaines entreprises ont des politiques strictes en place, comme des règles de non-fraternisation, qui peuvent avoir des implications professionnelles et juridiques si elles ne sont pas respectées. Il est important de se conformer à ces politiques et de prendre en compte les conséquences potentielles sur votre carrière.

En somme, lorsque l'amour se développe entre collègues, il est crucial de reconnaître les défis potentiels liés à la dynamique professionnelle. Il est important d'être conscient(e) de ces défis, de communiquer ouvertement et de trouver des moyens de les gérer de manière responsable et professionnelle. En étant attentif(ve) à ces défis et en agissant de manière réfléchie, vous pouvez créer des bases solides pour une relation amoureuse épanouissante tout en préservant un environnement de travail sain et productif.

- De plus, lorsque l'amour se développe entre collègues, des dilemmes éthiques peuvent se présenter, notamment en ce qui concerne les politiques de l'entreprise sur les relations amoureuses entre collègues. Il est essentiel de se conformer aux règles et aux normes établies par l'entreprise afin d'éviter tout conflit d'intérêts ou sanction professionnelle.

La gestion de la relation peut également être complexe, car il est crucial de maintenir un environnement de travail sain et professionnel tout en développant une relation amoureuse. Il est important de trouver un équilibre entre votre vie professionnelle et votre vie personnelle, en respectant les attentes de l'entreprise et en évitant de laisser la relation amoureuse affecter négativement votre productivité ou votre professionnalisme.

Il est nécessaire de fixer des limites claires et de définir des attentes mutuelles pour la manière dont vous allez gérer votre relation au sein de l'environnement de travail. Cela peut inclure des discussions sur la discrétion, l'évitement des conflits d'intérêts ou des situations compromettantes, et la préservation d'une relation professionnelle lors des interactions professionnelles.

De plus, il est important d'être conscient(e) de l'impact que votre relation peut avoir sur les autres collègues et la perception de l'équipe. Évitez les favoritismes ou les comportements qui pourraient créer un sentiment d'injustice ou de partialité au sein de l'équipe. Maintenez une attitude respectueuse envers tous les membres de l'équipe et veillez à ne pas laisser la relation amoureuse perturber la dynamique de travail.

Enfin, il est essentiel de garder à l'esprit les conséquences potentielles sur votre carrière. Bien que l'amour puisse être puissant, il est important de considérer les répercussions à long terme sur votre progression professionnelle. Prenez le temps de réfléchir aux choix que vous faites et écoutez votre intuition. Évaluez si la relation amoureuse en vaut la peine et si elle est compatible avec vos objectifs de carrière.

En somme, lorsque l'amour se développe entre collègues, il est essentiel de considérer les dilemmes éthiques et de se conformer aux politiques de l'entreprise. Il est important de maintenir un environnement de travail sain et professionnel tout en développant une relation amoureuse. En établissant des limites claires, en respectant les attentes de l'entreprise et en restant conscient(e) de l'impact sur votre carrière, vous pouvez naviguer avec responsabilité et équilibre dans cette situation délicate.

- Outre les défis liés à la dynamique professionnelle, il est crucial de prendre en compte les conséquences potentielles sur la carrière lorsqu'une relation amoureuse se développe entre collègues. La perception des collègues et des supérieurs hiérarchiques peut être influencée, ce qui peut avoir un impact sur les opportunités professionnelles et la progression de carrière.

Il est important de reconnaître que certaines personnes peuvent avoir des préjugés ou des jugements négatifs envers les relations amoureuses au sein du lieu de travail. Cela peut créer une dynamique de travail inconfortable ou conduire à des rumeurs et des commérages qui peuvent affecter votre réputation professionnelle.

De plus, certaines entreprises ont des politiques strictes concernant les relations amoureuses entre collègues, notamment des restrictions sur les relations entre des personnes occupant des postes hiérarchiques différents ou des mesures visant à prévenir les conflits d'intérêts. Ne pas respecter ces politiques peut entraîner des avertissements, des sanctions disciplinaires ou même la perte de votre emploi.

Il est donc essentiel de prendre en compte ces conséquences potentielles sur votre carrière avant de poursuivre une relation amoureuse avec un collègue. Pesez les avantages et les inconvénients, et réfléchissez à la compatibilité de vos objectifs professionnels et de vos aspirations avec la possibilité d'une relation amoureuse au sein de l'entreprise.

Dans certains cas, il peut être nécessaire de faire preuve de discrétion et de maintenir votre relation amoureuse en dehors de l'environnement professionnel, afin de préserver votre réputation et de minimiser les conflits d'intérêts potentiels. Il peut également être judicieux de consulter les politiques de l'entreprise et de discuter ouvertement de la situation avec les ressources humaines ou votre supérieur hiérarchique pour clarifier les attentes et les conséquences éventuelles.

En conclusion, il est crucial de prendre en compte les conséquences potentielles sur la carrière lorsque l'amour se développe entre collègues. La perception des collègues et des supérieurs hiérarchiques, ainsi que les politiques de l'entreprise, peuvent avoir un impact sur les opportunités professionnelles et la progression de carrière. Pesez soigneusement les avantages et les inconvénients avant de poursuivre une relation amoureuse au sein du lieu de travail et assurez-vous de prendre des décisions éclairées qui correspondent à vos objectifs personnels et professionnels.

- En tenant compte de ces défis, il est crucial de prendre des décisions éclairées et de trouver un équilibre entre les sentiments amoureux et les responsabilités professionnelles. Pour ce faire, il est essentiel de mettre en place des limites claires afin de préserver à la fois la relation amoureuse et l'environnement de travail.

La communication ouverte et honnête est également primordiale. Il est important de dialoguer avec vos collègues et vos supérieurs pour clarifier les attentes et les conséquences potentielles de votre relation amoureuse. Cela permet de maintenir une relation professionnelle saine et de prévenir les conflits d'intérêts.

Si nécessaire, il peut être judicieux de rechercher des conseils professionnels. Un mentor, un coach de carrière ou même un conseiller en ressources humaines peut vous aider à évaluer les implications de votre relation amoureuse sur votre carrière et vous fournir des conseils avisés.

Il est crucial d'évaluer attentivement les conséquences potentielles sur votre carrière avant de prendre des décisions. Il peut être nécessaire de faire des compromis et d'ajuster vos aspirations amoureuses en fonction de vos objectifs professionnels. Il est important de considérer l'impact à long terme de votre relation amoureuse sur votre carrière et de prendre des décisions qui respectent à la fois vos aspirations amoureuses et vos objectifs de carrière.

En conclusion, il est essentiel de prendre des décisions éclairées et de trouver un équilibre entre les sentiments amoureux et les responsabilités professionnelles lorsqu'une relation amoureuse se développe entre collègues. En mettant en place des limites claires, en favorisant une communication ouverte et en recherchant des conseils professionnels si nécessaire, vous pouvez naviguer dans cette situation complexe tout en préservant à la fois votre relation et votre carrière.

2. Les opportunités de connexion

- Tomber amoureux d'un collègue peut ouvrir la voie à une connexion profonde et à une compréhension mutuelle exceptionnelles. Le simple fait de partager le même environnement de travail crée une proximité naturelle entre vous, favorisant une meilleure communication et une plus grande empathie envers les défis et les succès professionnels auxquels vous êtes confrontés.

Cette proximité vous permet de mieux comprendre les réalités de votre collègue, ses responsabilités, ses pressions et ses aspirations professionnelles. Vous avez une connaissance plus approfondie de son travail, de ses compétences et de ses contributions, ce qui peut susciter une admiration mutuelle et un respect accru pour ses accomplissements.

En étant témoins des défis auxquels vous êtes confrontés quotidiennement, vous pouvez vous soutenir mutuellement de manière unique. Vous comprenez les pressions spécifiques du travail et les exigences du poste, ce qui crée une empathie particulière et vous permet de vous offrir un soutien mutuel précieux.

La connexion émotionnelle qui se développe entre collègues amoureux peut également contribuer à renforcer la confiance et la collaboration au sein de l'équipe. Vous êtes plus susceptibles de partager des idées, d'échanger des opinions et de travailler ensemble de manière harmonieuse pour atteindre des objectifs communs. La confiance et la compréhension mutuelle favorisent une communication plus ouverte et honnête, ce qui peut améliorer l'efficacité de l'équipe et la qualité du travail accompli.

Cependant, il est essentiel de rester conscient des défis potentiels que peut entraîner une relation amoureuse avec un collègue. Il est important de préserver la confidentialité et de maintenir un professionnalisme constant pour éviter tout conflit d'intérêts ou tout impact négatif sur la dynamique de travail. Il peut également être nécessaire de trouver un équilibre entre vie professionnelle et vie personnelle afin de préserver l'intégrité de la relation et de maintenir un environnement de travail sain.

En conclusion, tomber amoureux d'un collègue offre une opportunité unique de créer une connexion profonde et une compréhension mutuelle au sein de l'environnement de travail. La proximité et la familiarité qui en découlent facilitent la communication et renforcent la collaboration. Cependant, il est important de faire preuve de discernement et de respecter les normes professionnelles pour préserver une relation saine et prévenir tout impact négatif sur votre carrière ou la dynamique de l'équipe.

- L'amour entre collègues peut indéniablement renforcer la collaboration au sein de l'équipe. Lorsque vous êtes en couple avec un collègue, vous partagez un lien affectif fort qui crée une confiance et une coopération accrues dans vos projets et tâches communs. Vous pouvez compter sur le soutien mutuel et l'engagement l'un envers l'autre, ce qui renforce la dynamique de travail et favorise une plus grande efficacité.

Cette relation amoureuse peut être une source de motivation et d'inspiration pour travailler ensemble vers des objectifs communs. Vous partagez une vision et une compréhension plus profondes des projets, ce qui facilite la coordination et la prise de décision. Votre proximité émotionnelle peut également faciliter la résolution des problèmes et la recherche de solutions créatives, car vous êtes plus enclins à vous soutenir mutuellement et à combiner vos compétences et vos perspectives.

La confiance et l'intimité émotionnelle qui se développent dans une relation amoureuse peuvent également créer un environnement de travail plus positif et harmonieux. Vous pouvez vous appuyer mutuellement en période de stress ou de difficultés, offrant un soutien émotionnel précieux pour faire face aux défis professionnels. Cela favorise un climat de travail où chacun se sent écouté, compris et soutenu, ce qui peut avoir un impact positif sur la motivation, la satisfaction au travail et la rétention des employés.

Cependant, il est important de faire preuve de discernement et de maintenir une approche professionnelle dans votre relation au sein de l'équipe. Il est essentiel de séparer clairement la vie professionnelle de la vie personnelle, de respecter les politiques et les règles de l'entreprise concernant les relations entre collègues, et de ne pas laisser votre relation affecter la dynamique de travail avec d'autres membres de l'équipe. Il est également important de maintenir une communication ouverte et transparente avec vos collègues pour éviter toute perception de favoritisme ou de partialité.

En résumé, l'amour entre collègues peut renforcer la collaboration au sein de l'équipe en favorisant une confiance plus profonde, une coopération étroite et un soutien mutuel. Cependant, il est crucial de maintenir un équilibre entre la vie professionnelle et la vie personnelle, de respecter les règles et les normes de l'entreprise, et de veiller à ce que votre relation n'impacte pas négativement la dynamique de travail avec les autres membres de l'équipe. Avec une approche professionnelle et respectueuse, votre relation peut contribuer positivement à l'efficacité et à l'harmonie de l'équipe.

- La connexion émotionnelle qui se développe entre vous en tant que couple de collègues peut certainement créer un environnement de travail plus agréable et positif. Votre relation amoureuse vous permet de partager des moments de joie, de soutien et de célébration des succès, ce qui contribue à créer une atmosphère harmonieuse et à renforcer la cohésion de l'équipe.

Lorsque vous partagez des moments de bonheur et de réussite, vous pouvez les vivre ensemble et les apprécier mutuellement. Cela crée une dynamique positive où les autres membres de l'équipe peuvent également se sentir encouragés et inspirés par votre connexion. Votre joie et votre soutien mutuel peuvent se propager à travers l'équipe, créant ainsi un climat de travail plus convivial et motivant.

En plus des moments de célébration, votre relation amoureuse peut également vous permettre de vous soutenir mutuellement dans les moments plus difficiles. Vous pouvez être une source de réconfort et d'encouragement pour l'autre lorsque vous faites face à des défis ou à des obstacles professionnels. Cette entraide et ce soutien mutuel favorisent un environnement de travail où chacun se sent soutenu et compris, ce qui contribue à renforcer la confiance et les relations au sein de l'équipe.

Cependant, il est important de garder à l'esprit qu'il est essentiel de maintenir une approche professionnelle et équilibrée dans votre relation de couple au travail. Il est important de ne pas laisser votre relation personnelle influencer négativement la dynamique de l'équipe ou créer des sentiments de partialité. Il est crucial de respecter les limites professionnelles, de ne pas favoriser l'autre personne de manière injuste et de traiter tous les membres de l'équipe avec équité et respect.

En conclusion, la connexion émotionnelle qui se développe entre vous en tant que couple de collègues peut créer un environnement de travail plus agréable et positif. Vous pouvez partager des moments de joie, de soutien et de célébration des succès, ce qui renforce la cohésion de l'équipe. Cependant, il est important de maintenir une approche professionnelle et équilibrée, en veillant à ce que votre relation ne perturbe pas la dynamique de l'équipe et en respectant les limites professionnelles. Avec une gestion appropriée, votre relation peut contribuer à un climat de travail harmonieux et à une meilleure collaboration au sein de l'équipe.

- Enfin, l'amour entre collègues peut offrir une perspective unique sur la personne que vous êtes à la fois au travail et en dehors. Vous avez l'opportunité de découvrir de nouvelles facettes de la personnalité de votre partenaire et d'explorer des aspects de sa vie professionnelle qui ne seraient peut-être pas révélés autrement. Cette intimité accrue vous permet de mieux comprendre les motivations, les aspirations et les valeurs de votre partenaire, ce qui favorise une compréhension mutuelle approfondie.

En partageant un environnement de travail, vous pouvez observer de près comment votre partenaire interagit avec les autres, gère les défis professionnels et exprime ses talents et compétences. Cette connaissance approfondie de votre partenaire peut vous aider à développer une admiration mutuelle et à renforcer votre respect mutuel en tant que collègues.

Cette compréhension approfondie peut également favoriser une croissance personnelle et professionnelle mutuelle. En apprenant des compétences, des stratégies et des approches de travail de votre partenaire, vous pouvez vous enrichir mutuellement et vous inspirer à devenir une meilleure version de vous-même. Vous pouvez échanger des idées, partager des expériences et vous soutenir mutuellement dans la poursuite de vos objectifs professionnels. Cette dynamique d'apprentissage mutuel peut contribuer à une croissance continue et à un développement professionnel enrichissant pour les deux partenaires.

Cependant, il est important de garder à l'esprit que la relation amoureuse entre collègues nécessite un équilibre délicat entre vie personnelle et professionnelle. Il est essentiel de maintenir des frontières claires entre les deux sphères et de ne pas laisser les problèmes personnels affecter la performance ou la dynamique professionnelle. Il est également important d'obtenir le soutien et les conseils nécessaires pour faire face aux défis potentiels que cette relation peut entraîner sur le lieu de travail.

En conclusion, l'amour entre collègues offre une perspective unique sur la personne que vous êtes au travail et en dehors. Cela vous permet de découvrir de nouvelles facettes de la personnalité de votre partenaire, de mieux comprendre ses motivations et ses valeurs, et de renforcer votre relation. Tout en appréciant les avantages de cette connexion, il est crucial de maintenir un équilibre entre la vie personnelle et professionnelle, en établissant des limites claires et en cherchant le soutien nécessaire pour gérer les défis éventuels.

- En résumé, tomber amoureux d'un collègue peut ouvrir la porte à une connexion profonde et à une compréhension mutuelle qui ont le potentiel de renforcer la collaboration et la coopération au sein de l'équipe. La proximité que vous partagez en tant que collègues peut favoriser une communication plus ouverte, une meilleure empathie et une confiance accrue entre vous. Cette proximité accrue peut créer un environnement de travail où les idées et les opinions sont plus facilement partagées, où les différences sont mieux comprises et respectées, et où les décisions peuvent être prises de manière plus collaborative.

Lorsque deux personnes amoureuses travaillent ensemble, elles peuvent développer un sens profond de l'engagement mutuel et de la coopération. Elles peuvent se soutenir mutuellement dans la réalisation des objectifs professionnels communs et travailler ensemble pour résoudre les problèmes et surmonter les défis. La confiance et le respect mutuel qui se développent dans une relation amoureuse entre collègues peuvent renforcer la dynamique d'équipe, car chacun se sent soutenu et valorisé dans son rôle professionnel.

En outre, cette connexion émotionnelle peut favoriser une meilleure communication et une meilleure résolution des conflits au sein de l'équipe. En tant que couple, vous êtes plus susceptibles de comprendre les besoins, les préoccupations et les motivations de l'autre, ce qui facilite la résolution des problèmes et le maintien d'une atmosphère de travail harmonieuse. Votre relation peut également servir d'exemple de coopération et d'entente pour les autres membres de l'équipe, contribuant ainsi à renforcer l'esprit d'équipe et la collaboration.

Cependant, il est important de rester conscient des défis et des limites d'une relation amoureuse au travail. Il est essentiel de respecter les politiques de l'entreprise concernant les relations entre collègues et d'établir des limites claires entre votre vie personnelle et professionnelle. Il est également important de faire preuve de professionnalisme et de discrétion pour préserver l'intégrité de votre relation et éviter tout impact négatif sur votre travail et sur les autres membres de l'équipe.

En somme, lorsque l'amour se développe entre collègues, cela peut créer des opportunités précieuses de connexion profonde et de compréhension mutuelle, ce qui renforce la collaboration et la coopération au sein de l'équipe. Cependant, il est crucial de faire preuve de discernement et de respecter les règles et les limites pour préserver l'environnement professionnel et maintenir une relation saine et professionnelle.

3. L'importance de l'écoute de ton intuition

- **Réfléchir à tes émotions**

Prends le temps de reconnaître et d'explorer tes émotions, car cela t'aidera à mieux comprendre la nature de tes sentiments envers ton collègue. Demande-toi ce qui suscite ces émotions et examine si elles découlent d'une véritable connexion émotionnelle ou d'autres facteurs, tels que l'admiration professionnelle, l'attraction physique ou la proximité due à la collaboration quotidienne.

Soyons honnête envers toi-même et fais preuve de réflexion introspective. Explore tes motivations profondes et examine si tes sentiments sont basés sur des facteurs solides et durables, ou s'ils sont influencés par des circonstances temporaires ou superficielles.

Il est important de considérer si une relation amoureuse est souhaitable et compatible avec tes valeurs et tes aspirations. Réfléchis à tes objectifs personnels et professionnels à long terme et évalue si une relation avec ton collègue est en harmonie avec eux. Considère comment cette relation pourrait impacter ta carrière, tes ambitions et ta satisfaction générale dans la vie.

En prenant le temps d'explorer tes émotions et d'être honnête envers toi-même, tu seras en mesure de mieux comprendre l'origine de tes sentiments et de déterminer si une relation amoureuse avec ton collègue est réellement souhaitable et alignée avec tes valeurs et tes aspirations.

- **Évaluer l'alignement à long terme**

Réfléchir à tes aspirations à long terme, tant sur le plan personnel que professionnel, est essentiel lorsqu'il s'agit de décider si une relation avec un collègue est en accord avec tes objectifs et tes valeurs.

Pose-toi des questions sur la compatibilité de cette relation avec tes aspirations à long terme. Est-ce que cela pourrait créer des conflits d'intérêts avec tes responsabilités professionnelles ou compromettre tes objectifs de carrière ? Est-ce que cela pourrait avoir un impact négatif sur ton avancement professionnel ou sur les opportunités qui se présentent à toi ?

Il est important d'évaluer si une relation avec ton collègue pourrait potentiellement te faire renoncer à des aspects importants de ta vie ou à des valeurs qui te sont chères. Réfléchis aux compromis que tu serais prêt(e) à faire et à ceux que tu ne souhaites pas faire.

Considère également les implications à long terme d'une relation avec un collègue. Est-ce que cela pourrait créer des dynamiques de pouvoir inéquitables au sein de l'équipe ou causer des tensions avec d'autres collègues ? Penses-tu pouvoir gérer les éventuelles complications qui pourraient survenir dans la relation et maintenir un équilibre sain entre vie professionnelle et vie personnelle ?

En évaluant si une relation avec ton collègue est en harmonie avec tes aspirations à long terme, tu seras en mesure de prendre une décision éclairée qui correspond à tes valeurs et à tes objectifs. Garde à l'esprit que chaque situation est unique, et il est important d'écouter ton intuition et de faire ce qui te semble le mieux pour toi et ton avenir.

- **Considérer les défis et les compromis potentiels**

Lorsque tu envisages une relation amoureuse avec un collègue, il est important de prendre en compte les défis et les compromis potentiels qui pourraient se présenter.

Tout d'abord, considère la gestion de la relation sur le lieu de travail. Comment cela pourrait-il affecter votre dynamique professionnelle et votre capacité à travailler efficacement ensemble ? Est-ce que cela pourrait créer des tensions ou des distractions dans votre environnement de travail ? Penses-tu pouvoir maintenir une séparation claire entre vie professionnelle et vie personnelle ?

Ensuite, la confidentialité est un aspect crucial à prendre en compte. Est-ce que votre relation amoureuse pourrait compromettre la confidentialité des informations sensibles ou confidentielles auxquelles vous avez accès dans votre travail ? Assurez-vous de comprendre les règles et les politiques de votre entreprise concernant les relations amoureuses entre collègues et de vous conformer à celles-ci.

Un autre aspect à considérer est l'impact sur ta carrière. Est-ce que cela pourrait potentiellement avoir des répercussions négatives sur tes opportunités professionnelles ou ta progression de carrière ? Certains employeurs ont des politiques strictes concernant les relations amoureuses entre collègues, ce qui pourrait entraîner des restrictions ou des conséquences professionnelles.

Soyons réalistes quant aux défis qui peuvent survenir dans une relation amoureuse avec un collègue. Il est important de déterminer si tu es prêt(e) à affronter ces défis et à les surmonter pour maintenir une relation avec ton collègue. Réfléchis à tes priorités, à tes objectifs personnels et professionnels, et évalue si ces compromis valent la peine d'être faits.

En fin de compte, chaque situation est unique et il est essentiel de prendre une décision qui te convient le mieux. Sois réaliste et réfléchi(e) dans ton évaluation des défis et des compromis potentiels, et assure-toi de choisir la voie qui te mènera vers le bonheur et l'épanouissement.

- **Écouter ton intuition**

L'intuition est un outil puissant lorsqu'il s'agit de prendre des décisions, y compris dans les relations amoureuses avec des collègues. Il est important d'écouter les signaux que ton instinct et ton corps te donnent. Si tu ressens des inquiétudes persistantes ou si quelque chose ne semble pas aligné, prends le temps d'explorer ces sentiments plus en profondeur.

Ton intuition peut te donner des indices subtils sur ce qui est vraiment bon pour toi. Parfois, tu peux ressentir une gêne ou une tension intérieure même si la relation semble attrayante à première vue. Il est important de ne pas ignorer ces signaux internes, car ils pourraient indiquer que cette relation ne correspond pas à tes aspirations profondes ou à tes valeurs personnelles.

Prends le temps d'explorer tes inquiétudes et de les comprendre davantage. Pose-toi des questions sur les raisons de tes réserves, sur ce qui pourrait ne pas être en alignement avec tes aspirations à long terme. Parfois, ton intuition peut te guider vers des éléments importants que tu n'as pas encore pleinement pris en considération.

Il est également utile de discuter de tes préoccupations avec des personnes de confiance, telles que des amis proches ou des membres de ta famille. Parler de tes sentiments et de tes inquiétudes peut t'aider à gagner en clarté et à obtenir des perspectives différentes.

Rappelle-toi que tu es la personne la mieux placée pour prendre des décisions qui te mèneront vers le bonheur et l'épanouissement. En écoutant ton intuition, tu te donnes la possibilité d'explorer ce qui est le mieux pour toi à long terme, au-delà des attractions initiales ou des influences extérieures.

En fin de compte, écouter ton instinct peut t'aider à prendre des décisions éclairées et à te guider vers une relation qui est véritablement alignée avec tes aspirations et tes valeurs. Sois à l'écoute de toi-même, fais confiance à tes ressentis et choisis la voie qui te semble la plus authentique et en accord avec ton être intérieur.

Chapitre 6

Reconstruire ta vie

Apprendre à te pardonner : trouver des moyens de te libérer de la culpabilité et du jugement envers toi-même, afin de pouvoir avancer et construire une nouvelle vie épanouissante.

1. Acceptation de tes erreurs

   a. **Compréhension de l'expérience humaine**

Voici quelques points importants à considérer pour mieux comprendre cette réalité :

- Acceptation de l'imperfection : Personne n'est parfait, et cela inclut également toi. Chaque être humain est confronté à des difficultés, des obstacles et des échecs à un moment donné de sa vie. Les erreurs font partie de notre parcours d'apprentissage et de développement. En acceptant cette imperfection inhérente à l'expérience humaine, tu libères la pression de devoir être parfait(e) et tu peux te concentrer sur la croissance personnelle.

- L'apprentissage à travers les erreurs : Les erreurs sont des opportunités d'apprentissage précieuses. Elles nous offrent des leçons et des enseignements qui nous aident à grandir et à évoluer en tant qu'individus. Plutôt que de les considérer comme des échecs ou des défauts, vois-les comme des occasions d'amélioration et de développement. En reconnaissant que les erreurs sont normales et qu'elles peuvent contribuer à ton cheminement personnel, tu seras plus enclin(e) à les accepter et à en tirer des enseignements constructifs.
- Croissance et développement personnel : L'expérience humaine est un processus de croissance et d'évolution constant. Les erreurs font partie intégrante de ce processus, car elles nous poussent à sortir de notre zone de confort, à remettre en question nos croyances et à trouver de nouvelles solutions. En acceptant les erreurs comme des étapes naturelles de notre développement, tu te donnes l'opportunité d'évoluer, de t'améliorer et de devenir la meilleure version de toi-même.
- Compassion envers les autres et envers toi-même : En reconnaissant que tout le monde fait des erreurs, tu développes une plus grande compassion envers les autres. Cela te permet d'adopter une attitude moins critique et plus compréhensive envers les erreurs des autres. De la même manière, en acceptant tes propres erreurs et en les considérant comme faisant partie de l'expérience humaine, tu peux pratiquer l'auto-compassion envers toi-même. Tu mérites la bienveillance, la compréhension et l'amour, tout comme n'importe quel autre être humain.

En comprenant l'expérience humaine dans toute sa complexité et en acceptant que les erreurs sont inévitables, tu te libères de l'illusion de la perfection et tu te permets d'apprendre, de grandir et de t'épanouir pleinement. L'acceptation de cette réalité t'ouvre la voie vers l'autocompassion, le pardon envers toi-même et une meilleure appréciation de la beauté de l'imperfection humaine.

b. Auto-compassion

Cultiver une attitude de bienveillance envers toi-même est essentiel pour te pardonner et t'accepter pleinement, indépendamment de tes erreurs passées. Voici quelques éléments clés pour développer cette bienveillance envers toi-même :

- La compassion envers soi-même : Traite-toi avec la même gentillesse et la même compréhension que tu le ferais envers un ami cher qui a commis une erreur. Reconnais que tu es humain(e) et que les erreurs font partie de l'apprentissage et de la croissance. Lorsque tu te critiques ou te juges sévèrement, rappelle-toi de faire preuve de compassion envers toi-même, en t'adressant avec des paroles encourageantes et bienveillantes.

- Reconnaissance de ta valeur intrinsèque : Rappelle-toi que tu mérites d'être aimé(e) et accepté(e) indépendamment de tes erreurs passées. Ta valeur en tant qu'individu ne dépend pas de tes réussites ou de tes échecs, mais de ta nature intrinsèque. Accepte que tu es digne d'amour, de bonheur et de respect, quelle que soit ton histoire.

- Lâcher prise du perfectionnisme : Libère-toi de l'exigence d'être parfait(e). Le perfectionnisme crée des attentes irréalistes et te pousse à être trop critique envers toi-même. Accepte que l'erreur est humaine et que la perfection n'est pas atteignable. Permets-toi d'être imparfait(e), d'apprendre de tes erreurs et de grandir à travers elles.

- La pratique de l'auto-compassion : Engage-toi dans des pratiques qui favorisent l'auto-compassion, comme la méditation de bienveillance ou l'écriture de journaux. Ces pratiques te permettent de te connecter avec ton moi intérieur, de reconnaître tes émotions et de te donner l'amour et le soutien dont tu as besoin. Lorsque tu fais face à des difficultés ou que tu commets des erreurs, prends un moment pour t'adresser à toi-même avec tendresse et encouragement.

- La gratitude envers tes expériences : Exprime de la gratitude pour les expériences passées, y compris tes erreurs, car elles t'ont permis de grandir et de devenir qui tu es aujourd'hui. Chaque erreur est une occasion d'apprentissage et de développement personnel. En te concentrant sur les leçons tirées de tes erreurs plutôt que sur les regrets, tu peux transformer ces expériences en moteurs de croissance et de résilience.

En cultivant une attitude de bienveillance envers toi-même, tu te donnes la permission de te pardonner, de t'aimer et de te respecter malgré tes erreurs passées. Tu reconnais ta propre humanité et tu te donnes l'espace nécessaire pour évoluer et devenir la meilleure version de toi-même. L'auto-compassion est une voie vers la guérison émotionnelle et le développement personnel, te permettant de vivre une vie épanouissante et pleine de gratitude.

c. Apprendre de tes erreurs

Les erreurs sont effectivement des opportunités d'apprentissage précieuses dans ta vie. Plutôt que de te blâmer ou de te juger, tu peux adopter une perspective de croissance et utiliser tes erreurs passées comme des leçons pour grandir et évoluer. Voici quelques éléments à prendre en compte pour tirer le meilleur parti de ces opportunités :

- Analyse et réflexion : Prends du recul et examine les circonstances entourant ton erreur. Quelles étaient les influences ou les facteurs qui ont joué un rôle ? Quels choix ou actions spécifiques ont conduit à cette erreur ? En faisant une analyse objective, tu peux mieux comprendre les causes et les conséquences de tes actions, ce qui t'aidera à éviter de répéter les mêmes erreurs à l'avenir.

- Leçons apprises : Identifie les leçons que tu peux tirer de ton erreur. Quels enseignements as-tu acquis ? Quels comportements, croyances ou attitudes as-tu identifiés comme étant problématiques ? En reconnaissant ces leçons, tu peux intégrer de nouvelles connaissances et des perspectives plus saines dans ta vie. Cela t'aidera à prendre des décisions plus éclairées et à éviter de retomber dans les mêmes schémas néfastes.

- Amélioration personnelle : Utilise les leçons tirées de tes erreurs pour te développer personnellement. Identifie les domaines dans lesquels tu souhaites t'améliorer et définis des objectifs spécifiques pour y parvenir. Peut-être souhaites-tu développer de nouvelles compétences, renforcer ta confiance en toi ou améliorer tes relations interpersonnelles. En mettant en pratique ce que tu as appris, tu progresseras vers une version améliorée de toi-même.

- Acceptation et lâcher-prise : Accepte le fait que tu as commis des erreurs, car cela fait partie de l'expérience humaine. Lâche le fardeau du regret et du jugement envers toi-même. Accepte que tu es en constante évolution et que les erreurs sont des occasions d'apprendre et de grandir. Lorsque tu te pardonnes et que tu laisses aller le poids des erreurs passées, tu te libères pour avancer et construire une vie épanouissante.

- Courage et résilience : Fais preuve de courage pour prendre des risques malgré la peur de l'échec. Sois résilient(e) face aux erreurs et aux revers, en te relevant et en continuant à avancer. Garde à l'esprit que chaque erreur est une occasion d'affiner ton parcours et de t'approcher de tes objectifs.

En utilisant tes erreurs passées comme des opportunités d'apprentissage, tu ouvres la porte à une croissance personnelle significative. Les erreurs ne définissent pas qui tu es, mais elles peuvent te guider vers une meilleure compréhension de toi-même et te rapprocher de la personne que tu souhaites devenir. Apprends des erreurs, grandis à travers elles et forge ton propre chemin vers le succès et l'épanouissement.

d. Faire preuve de bienveillance envers toi-même

Il est important de prendre conscience de ton dialogue intérieur et de remplacer les pensées négatives et autodestructrices par des affirmations positives et encourageantes. Voici quelques éléments à considérer pour pratiquer l'auto-encouragement et la bienveillance envers toi-même :

- Autocritique vs. auto-compassion

Prends conscience de ta tendance à te critiquer sévèrement et à te punir pour tes erreurs passées. Remplace ces pensées négatives par des pensées bienveillantes et constructives. Rappelle-toi que personne n'est parfait et que faire des erreurs est une partie naturelle de l'apprentissage et de la croissance. Traite-toi avec la même gentillesse et la même compassion que tu le ferais envers un être cher qui a commis une erreur.

- Affirmations positives

Utilise des affirmations positives pour contrer les pensées négatives et renforcer ton estime de toi. Identifie des affirmations qui te soutiennent et te rappellent tes forces, tes qualités et tes réalisations. Répète-les régulièrement, que ce soit à voix haute ou dans ta tête, pour reprogrammer ton dialogue intérieur et te donner une perspective plus positive.

- Reconnaissance des progrès

Célèbre tes progrès, aussi petits soient-ils. Prends le temps de reconnaître tes efforts et les actions positives que tu as entreprises pour corriger tes erreurs ou évoluer dans la bonne direction. Félicite-toi pour chaque étape que tu franchis vers l'amélioration personnelle et le développement. L'auto-encouragement renforce ta confiance en toi et t'inspire à continuer à grandir.

- Pratique de la gratitude

Cultive la gratitude envers toi-même et les leçons que tu as apprises de tes erreurs passées. Prends conscience des expériences qui t'ont aidé(e) à grandir et à devenir plus résilient(e). Remercie-toi pour ta volonté d'apprendre, de changer et de devenir une meilleure version de toi-même. La gratitude te permet de cultiver une attitude positive envers toi-même et d'apprécier ton parcours.

- Cherche le soutien d'autrui

N'hésite pas à partager tes difficultés et tes erreurs avec des personnes de confiance, comme des amis proches, des membres de ta famille ou un professionnel de la santé mentale. Leur soutien et leurs perspectives peuvent t'aider à adopter une vision plus compatissante de toi-même. Ils peuvent t'encourager, te rappeler tes forces et t'aider à prendre du recul face à tes erreurs passées.

En pratiquant l'auto-encouragement et la bienveillance envers toi-même, tu transformes ton dialogue intérieur et construis une relation plus positive avec toi-même. Tu te donnes la permission d'être humain(e), avec des erreurs et des imperfections, tout en t'inspirant à grandir et à évoluer. Tu mérites d'être aimé(e) et respecté(e), et cela inclut d'être aimé(e) et respecté(e) par toi-même.

e. Regarder vers l'avenir

Le pardon envers toi-même est une étape essentielle pour te libérer du poids du passé et te permettre de te concentrer sur l'avenir. Voici quelques éléments à considérer pour développer cette capacité à te pardonner et à te tourner vers l'avenir :

- Acceptation du passé

Reconnaît que tes erreurs passées ne définissent pas ta valeur en tant que personne. Le passé est révolu, et il est important de l'accepter tel qu'il est. Accepte que tu as commis des erreurs, mais rappelle-toi également que tu as la capacité de changer et de grandir en tant qu'individu.

- Leçon et croissance

Vois tes erreurs passées comme des opportunités d'apprentissage et de croissance. Analyse ce que tu as appris de ces expériences et comment elles ont contribué à ton développement personnel. En tirant des leçons de tes erreurs, tu te donnes la possibilité de les transformer en catalyseurs pour un changement positif.

- Objectifs et aspirations

Fixe des objectifs réalistes et sains pour toi-même. Pense à ce que tu désires réellement dans ta vie et concentre ton énergie sur la création d'un avenir épanouissant. En te concentrant sur tes aspirations et en prenant des mesures concrètes pour les atteindre, tu te diriges vers une vie plus alignée avec tes valeurs et tes souhaits.

- Cultiver la compassion envers toi-même

Pratique l'auto-compassion envers toi-même. Sois bienveillant(e) et aimant(e) envers toi-même, tout comme tu le serais envers un ami cher qui aurait commis une erreur. Accorde-toi la compassion, le soutien et la compréhension dont tu as besoin pour avancer. Sois doux(ce) avec toi-même lorsque des pensées d'autodépréciation surgissent et remplace-les par des pensées positives et encourageantes.

- Vivre dans le présent

Concentre-toi sur le présent et sur les actions que tu peux entreprendre dès maintenant pour façonner ton avenir. Le pardon envers toi-même implique de lâcher prise des regrets et des ressentiments envers le passé. En te focalisant sur le moment présent, tu te donnes la liberté d'avancer et de créer la vie que tu souhaites vivre.

Le pardon envers toi-même est un processus qui demande du temps et de la patience. Il n'est pas nécessaire de tout oublier, mais plutôt d'apprendre à accepter tes erreurs et à t'engager activement dans ton propre cheminement de croissance et de transformation. En te pardonnant, tu ouvres la porte à de nouvelles opportunités et à une vie plus épanouissante.

Rappelle-toi que le pardon envers toi-même est un processus qui peut prendre du temps. Sois patient(e) avec toi-même et entretiens une attitude de bienveillance tout au long de ce voyage. En acceptant tes erreurs et en t'accordant le pardon, tu te donnes l'opportunité de vivre une vie plus épanouissante, basée sur la croissance, l'apprentissage et l'amour de toi-même.

2. Prendre la responsabilité

Assumer la responsabilité de tes actions passées est une étape essentielle dans ton cheminement vers l'auto-pardon et la croissance personnelle. Voici quelques éléments à considérer pour développer cette responsabilité :

a. Reconnaissance des conséquences

Prendre le temps de réfléchir aux conséquences de tes choix passés est une étape importante pour prendre conscience de l'impact de tes actions sur ta vie et celle des autres. Il s'agit d'une invitation à une réflexion profonde et honnête, sans jugement ni auto-condamnation.

En prenant conscience des répercussions de tes décisions, tu peux mieux comprendre comment tes actions ont pu influencer ton parcours et celui des personnes qui t'entourent. Cela te permet de reconnaître les effets positifs ou négatifs qu'elles ont pu avoir, que ce soit sur tes relations, tes aspirations, ta santé mentale ou d'autres aspects de ta vie.

Cette prise de conscience n'a pas pour but de te blâmer ou de te condamner, mais plutôt de t'inviter à une prise de responsabilité et à une réflexion constructive. Il s'agit de comprendre comment tes choix passés ont contribué à façonner ta réalité présente, afin d'apprendre de ces expériences et d'éviter de reproduire les mêmes schémas à l'avenir.

Lorsque tu te penches sur les conséquences de tes choix passés, essaie de le faire avec bienveillance envers toi-même. Il est important de ne pas te laisser submerger par la culpabilité ou le regret, mais plutôt de voir cette réflexion comme une opportunité d'apprentissage et de croissance personnelle. Sois ouvert(e) à reconnaître les erreurs que tu as pu commettre et les leçons que tu peux en tirer pour avancer de manière plus éclairée.

En prenant conscience des répercussions de tes choix passés, tu deviens plus conscient(e) de tes motivations, de tes valeurs et de l'impact de tes actions sur ta vie et celle des autres. Cette prise de conscience te donne la possibilité de faire des choix plus éclairés et plus alignés avec tes aspirations et tes valeurs. Elle te permet également de développer une plus grande empathie envers les autres, en comprenant que nos actions peuvent avoir des conséquences sur leur parcours également.

Rappelle-toi que cette réflexion sur les conséquences de tes choix passés est un processus continu. Il n'est jamais trop tard pour prendre conscience de l'impact de tes actions et apporter des changements positifs dans ta vie. Avec compassion envers toi-même et un désir sincère de grandir, tu peux transformer ces réflexions en un moteur de développement personnel et de bien-être.

b. Acceptation de ta part de responsabilité

Assumer sa part de responsabilité dans les actions passées est un acte de courage et d'empowerment. Reconnaître que tu as joué un rôle dans les événements passés te permet de reprendre le contrôle de ta vie et de te donner le pouvoir de changer.

En assumant ta responsabilité, tu choisis de ne plus te placer en position de victime ou d'attribuer la responsabilité de tes actions à d'autres facteurs externes. Cela ne signifie pas que tu dois porter seul(e) le poids de toutes les circonstances passées, mais plutôt que tu reconnais l'influence de tes propres choix, comportements et attitudes sur ta vie.

Prendre conscience de ta part de responsabilité te donne la possibilité de réfléchir de manière objective aux décisions que tu as prises et à leurs conséquences. Cela t'offre une occasion d'apprentissage et de croissance personnelle. En reconnaissant tes erreurs et les actions qui n'étaient pas alignées avec tes valeurs, tu peux te donner la permission de changer et de faire les choses différemment à l'avenir.

Assumer ta responsabilité te libère également du sentiment d'impuissance. Plutôt que de te focaliser sur les choses que tu ne peux pas changer, tu te concentres sur ce que tu peux faire maintenant pour avancer et créer une vie plus épanouissante. Cela renforce ton sentiment de contrôle sur ta propre destinée et te permet de mettre en place des actions positives et constructives.

Cependant, il est important de mentionner que prendre sa responsabilité ne signifie pas être dur(e) avec soi-même ou se condamner. Il s'agit plutôt d'un acte d'auto-respect et de croissance personnelle. Lorsque tu assumes ta part de responsabilité, fais-le avec bienveillance envers toi-même. Apprends à te pardonner pour les erreurs passées et à te donner l'opportunité d'évoluer.

Enfin, en assumant ta responsabilité, tu te donnes la possibilité de créer un avenir plus aligné avec tes aspirations et tes valeurs. Tu peux poser des actions conscientes et positives pour te diriger vers les résultats que tu désires. Cela te permet de reprendre le contrôle de ta vie et de te construire une réalité plus épanouissante.

En somme, assumer ta part de responsabilité dans les actions passées te donne le pouvoir de changer, de te libérer du sentiment d'impuissance et de construire activement une vie plus épanouissante et alignée avec tes aspirations les plus profondes.

c. Apprentissage de tes erreurs

Les erreurs que nous commettons dans la vie sont des opportunités d'apprentissage et de croissance. En assumant la responsabilité de tes actions passées, tu peux tirer des leçons précieuses de ces erreurs et les utiliser comme des guides pour prendre de meilleures décisions à l'avenir.

Lorsque tu reconnais ta part de responsabilité dans tes erreurs passées, cela te permet de te questionner sur les facteurs qui ont influencé tes choix et les circonstances qui ont conduit à ces actions. C'est une occasion de réflexion profonde sur tes valeurs, tes motivations et tes croyances. En comprenant les raisons derrière tes choix passés, tu peux prendre conscience des schémas de comportement qui ont conduit à ces erreurs.

La réflexion sur tes erreurs passées t'offre également une opportunité d'auto-analyse et de développement personnel. Tu peux te demander quelles compétences ou connaissances tu aurais pu acquérir pour éviter ces erreurs, ou quelles ressources ou soutiens tu aurais pu rechercher. En identifiant ces éléments, tu peux développer des stratégies pour renforcer tes capacités et te préparer à affronter de futures situations similaires de manière plus efficace.

Cependant, il est important de souligner que la réflexion sur tes erreurs passées ne doit pas être empreinte de jugement ou de culpabilité excessive. Le but n'est pas de te blâmer ou de te punir, mais plutôt de te donner les outils nécessaires pour évoluer et grandir. En adoptant une attitude bienveillante envers toi-même, tu peux utiliser ces erreurs comme des occasions d'amélioration et de développement personnel.

Dans cette démarche, il peut être utile de chercher des conseils ou des perspectives extérieures, que ce soit auprès d'amis de confiance, de mentors ou même de professionnels. Leurs points de vue peuvent t'apporter de nouvelles idées et t'aider à trouver des solutions alternatives.

En conclusion, en assumant la responsabilité de tes actions passées, tu te donnes l'opportunité de tirer des leçons de tes erreurs et de les transformer en moteurs de croissance et d'évolution. La réflexion sur tes choix passés te permet de mieux te connaître, d'identifier les schémas à éviter et de développer des stratégies pour prendre de meilleures décisions à l'avenir. En utilisant tes erreurs comme des guides, tu progresses vers une vie plus épanouissante et alignée avec tes aspirations les plus profondes.

d. Engagement envers le changement

Prendre la responsabilité de tes actions passées ouvre la porte à la transformation personnelle et au changement positif. C'est une opportunité de prendre conscience des domaines de ta vie où tu souhaites apporter des améliorations et de mettre en place les actions nécessaires pour y parvenir.

En reconnaissant tes erreurs et en assumant ta part de responsabilité, tu peux identifier les comportements, les habitudes ou les schémas de pensée qui ont contribué à ces actions passées. Cela te permet d'identifier les domaines de ta vie où tu souhaites opérer des changements significatifs.

La première étape consiste à être honnête avec toi-même et à faire une évaluation sincère de tes forces, de tes faiblesses et des aspects de ta vie qui nécessitent une amélioration. Il peut s'agir de domaines tels que ta santé, tes relations interpersonnelles, ta carrière, tes compétences ou tes perspectives sur la vie en général.

Une fois que tu as identifié les domaines qui nécessitent ton attention, il est important de définir des objectifs clairs et réalistes. Ces objectifs doivent être spécifiques, mesurables, atteignables, pertinents et limités dans le temps (SMART). Cela te permettra de créer un plan d'action concret pour apporter les changements souhaités.

Lorsque tu travailles vers tes objectifs, il est essentiel de faire preuve de patience et de persévérance. Le changement ne se produit pas du jour au lendemain, mais plutôt par des actions continues et soutenues. Sois prêt(e) à sortir de ta zone de confort, à faire face à des défis et à persévérer malgré les difficultés.

Dans ce processus, n'oublie pas de te concentrer sur les progrès que tu réalises. Célèbre chaque étape, aussi petite soit-elle, en reconnaissant tes efforts et en te félicitant de tes réalisations. Cela te motivera à continuer et à maintenir ton engagement envers le changement.

N'hésite pas à t'entourer de soutien et de ressources. Que ce soit en recherchant des mentors, des coachs, des thérapeutes ou en rejoignant des groupes de soutien, avoir des personnes bienveillantes à tes côtés peut t'aider à rester motivé(e) et à bénéficier d'un soutien supplémentaire dans ton parcours de transformation.

En conclusion, prendre la responsabilité de tes actions passées te donne l'opportunité de te transformer et de changer. En identifiant les domaines où tu souhaites apporter des améliorations et en définissant des objectifs clairs, tu te donnes les moyens de créer une vie plus alignée avec tes aspirations. Avec patience, persévérance et soutien, tu peux réaliser des changements positifs et construire une vie épanouissante.

3. Comprendre tes motivations

Explorer les raisons qui ont conduit à tes actions passées est une étape essentielle pour comprendre ton propre comportement et prendre des mesures pour éviter de répéter les mêmes erreurs à l'avenir. Cela te permet de plonger plus profondément dans ta propre psychologie et de développer une meilleure compréhension de toi-même.

Commence par te poser des questions sur les motivations qui ont influencé tes choix passés. Quelles étaient tes croyances, tes valeurs et tes désirs à l'époque ? Quels facteurs externes ou internes ont joué un rôle dans tes décisions ? Était-ce le résultat de la pression sociale, de l'influence de personnes de ton entourage, d'un manque de confiance en toi ou d'autres facteurs qui ont guidé tes actions ?

En prenant le temps d'explorer ces motivations, tu peux mieux comprendre les schémas de pensée, les émotions ou les blessures sous-jacentes qui ont contribué à tes actions passées. Cette prise de conscience est un acte de compassion envers toi-même, car elle reconnaît que tes choix étaient influencés par des facteurs complexes et souvent inconscients.

La compréhension de ces motivations te permet également d'identifier les déclencheurs ou les situations qui pourraient te conduire à prendre des décisions similaires à l'avenir. En identifiant ces schémas récurrents, tu peux élaborer des stratégies pour éviter les pièges et les comportements autodestructeurs.

Une fois que tu as identifié les raisons qui ont conduit à tes actions passées, il est temps de travailler sur des moyens de prévention. Cela peut impliquer de renforcer ta confiance en toi, de développer des compétences en gestion des émotions, de chercher du soutien auprès de professionnels ou de mettre en place des stratégies de gestion du stress.

La compassion envers toi-même joue un rôle essentiel tout au long de ce processus. Lorsque tu identifies les raisons qui ont influencé tes choix passés, rappelle-toi que tu es humain(e) et que tu as le droit de faire des erreurs. Évite de te juger ou de te blâmer, mais plutôt adopte une attitude bienveillante et compréhensive envers toi-même.

En explorant les raisons qui ont conduit à tes actions passées, tu développes une meilleure compréhension de toi-même et tu t'ouvres à de nouvelles possibilités de croissance et de changement. Cela te permet de construire des stratégies solides pour éviter de répéter les mêmes erreurs à l'avenir et de créer une vie plus épanouissante et alignée avec tes valeurs.

4. Pratiquer l'autocompassion

Développer une attitude de bienveillance envers toi-même est essentiel pour te pardonner et te donner une seconde chance après avoir commis des erreurs. Traite-toi avec la même compassion et le même soutien que tu offrirais à un être cher qui aurait traversé une situation similaire.

Prends conscience de ton dialogue intérieur et veille à remplacer les pensées négatives et autodestructrices par des affirmations positives. Souvent, nous avons tendance à être notre propre critique le plus sévère, mais il est important de se rappeler que nous sommes humains et que nous avons tous le droit de faire des erreurs.

Lorsque tu te surprends à avoir des pensées négatives envers toi-même, essaie de les reconnaître et de les remettre en question. Demande-toi si tu tiendrais le même discours à un ami qui aurait commis une erreur. Probablement pas. Alors, pratique la même compassion envers toi-même. Répète des affirmations positives qui renforcent ta confiance et ta valeur personnelle.

L'autocompassion consiste à accepter ta propre humanité et à reconnaître que les erreurs font partie de l'expérience de vie. C'est la volonté de te pardonner et de te donner une seconde chance pour grandir et évoluer. Cela ne signifie pas ignorer les conséquences de tes actions, mais plutôt prendre conscience de ton potentiel à changer et à faire de meilleurs choix à l'avenir.

Pratiquer l'autocompassion t'aide à développer une relation plus saine avec toi-même. Cela te permet de te libérer du fardeau de la culpabilité et du jugement, et de t'ouvrir à l'acceptation et à la guérison. En te traitant avec bienveillance, tu crées un espace intérieur propice à la croissance personnelle et à la construction d'une vie plus épanouissante.

N'oublie pas que le pardon envers toi-même est un processus qui peut prendre du temps. Sois patient(e) avec toi-même et répète les pratiques d'autocompassion régulièrement. Avec le temps, tu te sentiras de plus en plus en paix avec tes erreurs passées et tu seras prêt(e) à embrasser de nouvelles opportunités de croissance et de réussite dans ta vie.

5. Lâcher prise

Lâcher prise des erreurs passées et de tout ressentiment envers toi-même est un acte puissant de libération. Comprends que tu ne peux pas changer le passé, mais tu as le pouvoir de changer ton avenir. En te détachant de l'attachement aux erreurs passées, tu te libères du fardeau émotionnel qui peut te retenir et te limiter.

Le lâcher-prise ne signifie pas oublier ou minimiser les conséquences de tes erreurs, mais plutôt accepter qu'elles font partie de ton histoire et te permettre de grandir et d'évoluer. C'est reconnaître que tu as tiré des leçons de ces expériences et que tu as le potentiel de faire de meilleurs choix à l'avenir.

Pour lâcher prise, il est important de pratiquer la compassion envers toi-même. Pardonne-toi pour tes erreurs passées et fais preuve de bienveillance envers toi-même dans le processus de guérison et de transformation. Accepte que tu es humain(e) et que tu as le droit de faire des erreurs.

Une façon de lâcher prise est de te concentrer sur le présent et le futur. Concentre ton énergie sur les actions et les décisions que tu peux prendre dès maintenant pour créer une vie plus épanouissante. Fais de nouveaux choix basés sur les leçons apprises et les valeurs qui te guident.

Pratiquer la pleine conscience peut également t'aider à lâcher prise. En étant pleinement présent(e) dans le moment présent, tu te libères des ruminations sur le passé et des inquiétudes pour l'avenir. Apprécie les petits moments de bonheur et de croissance qui se présentent à toi ici et maintenant.

Le lâcher-prise est un processus qui demande du temps et de la pratique. Sois patient(e) avec toi-même et accorde-toi de la compassion pendant cette période de transition. Permets-toi de te libérer de tout ressentiment envers toi-même et ouvre-toi à la possibilité d'un avenir rempli de nouvelles opportunités et de succès.

Rappelle-toi que chaque jour est une nouvelle occasion de créer la vie que tu souhaites. En lâchant prise des erreurs passées, tu ouvres la porte à la croissance personnelle, à la guérison et à l'épanouissement. Embrasse ce nouveau chapitre de ta vie avec confiance et détermination, sachant que tu as la capacité de façonner ton propre avenir.

6. Se reconstruire

Utilise tes erreurs passées comme une opportunité de croissance et de transformation, car ce sont souvent dans ces moments que se trouvent les leçons les plus précieuses. Prends le temps d'examiner tes expériences passées avec un regard objectif et sans jugement, en te demandant ce que tu as appris et comment tu peux utiliser ces enseignements pour te construire une vie plus épanouissante.

Ces erreurs passées peuvent t'offrir une perspective unique sur tes valeurs, tes priorités et tes aspirations. Profite de cette occasion pour réfléchir à ce qui est vraiment important pour toi et à la manière dont tu souhaites façonner ton avenir. Fixe des objectifs réalistes et sains qui sont alignés avec tes valeurs et tes aspirations, en tenant compte des leçons que tu as tirées de tes erreurs passées.

La reconstruction de soi est un processus continu et dynamique. Il ne s'agit pas seulement de réparer les erreurs du passé, mais aussi de te réinventer et de créer une nouvelle réalité pour toi-même. Prends des mesures concrètes pour atteindre tes objectifs en identifiant les étapes nécessaires pour y parvenir. Que ce soit en acquérant de nouvelles compétences, en cherchant des opportunités de croissance personnelle ou en faisant des choix qui te rapprochent de ta vision de vie idéale, chaque action que tu entreprends est une brique supplémentaire dans la construction de ta nouvelle réalité.

Il est important de rester patient(e) et indulgent(e) envers toi-même tout au long de ce processus. La transformation personnelle prend du temps et il est normal de faire des erreurs en chemin. Cependant, n'oublie pas que chaque erreur est une occasion d'apprendre et de grandir. Sois ouvert(e) à de nouvelles expériences, à de nouvelles idées et à de nouvelles perspectives qui peuvent t'aider à avancer sur le chemin de la reconstruction de soi.

En te reconstruisant, rappelle-toi que tu es l'architecte de ta propre vie. Tu as le pouvoir de créer la réalité que tu désires. Sois courageux(se), fais preuve de résilience et embrasse les opportunités de croissance et de transformation qui se présentent à toi. La reconstruction de soi est un voyage excitant et enrichissant, où tu te découvriras et te réaliseras de nouvelles façons.

En fin de compte, utilise tes erreurs passées comme des tremplins vers une vie plus épanouissante et significative. Ne laisse pas tes erreurs te définir, mais permets-leur de te guider vers une meilleure version de toi-même. Embrasse le potentiel infini qui réside en toi et continue à avancer avec confiance sur le chemin de la reconstruction de soi.

7. Demander de l'aide

Si tu as du mal à te pardonner à toi-même, n'hésite pas à demander de l'aide. Reconnaître et accepter ses erreurs peut être un processus émotionnellement difficile et complexe, et il est tout à fait normal de ressentir le besoin de soutien extérieur pour traverser cette étape.

Parler à un thérapeute, un coach ou un soutien de confiance peut t'offrir un espace sûr et bienveillant pour explorer tes émotions et tes pensées liées à l'autopardon. Ces professionnels sont formés pour t'accompagner dans ton cheminement personnel et t'aider à comprendre les raisons sous-jacentes de ta difficulté à te pardonner.

Un thérapeute peut t'aider à développer une meilleure estime de toi-même, à travailler sur ton dialogue intérieur et à identifier les croyances limitantes qui peuvent t'empêcher de te pardonner. Ils peuvent te guider à travers des exercices et des techniques thérapeutiques spécifiques pour t'aider à changer tes schémas de pensée et à cultiver une attitude de compassion envers toi-même.

De plus, un coach peut t'apporter un soutien pratique et te guider dans la mise en place de stratégies pour te pardonner. Ils peuvent t'aider à définir des objectifs concrets et à élaborer un plan d'action pour surmonter les obstacles qui se dressent sur ton chemin vers l'autopardon. Ils peuvent également t'encourager et te motiver tout au long de ton processus de guérison.

N'oublie pas que demander de l'aide n'est pas un signe de faiblesse, mais plutôt une preuve de courage et de volonté de te prendre en charge. L'assistance d'un professionnel qualifié peut faciliter ton processus de pardon envers toi-même en t'apportant des perspectives nouvelles et des outils pratiques pour te soutenir.

En conclusion, si tu luttes pour te pardonner à toi-même, considère la possibilité de chercher l'aide d'un thérapeute, d'un coach ou d'un soutien de confiance. Leur accompagnement et leurs compétences peuvent te fournir le soutien nécessaire pour explorer tes émotions, travailler sur ton estime de soi et trouver des stratégies pratiques pour te pardonner. Rappelle-toi qu'il est possible de guérir et de se reconstruire, et que tu mérites d'atteindre une paix intérieure et une acceptation de toi-même.

Cultiver le bien-être familial : aborder la transition avec tes enfants et construire de nouvelles dynamiques familiales qui favorisent l'amour, le respect et la compréhension.

1. Communication ouverte et honnête

- **Choisis le bon moment**

Pour aborder le sujet avec tes enfants, il est important de trouver un moment calme et propice où vous pourrez parler sans être interrompus. Choisissez un moment où vous avez suffisamment de temps pour aborder le sujet en profondeur et pour répondre à toutes leurs questions. Assurez-vous que vous êtes disponibles et prêts à écouter attentivement leurs préoccupations et leurs émotions. En créant un espace tranquille et en accordant une attention sincère, vous favoriserez une communication ouverte et constructive avec vos enfants.

- **Sois honnête et transparent(e)**

Lorsque tu expliques les changements à venir dans la famille à tes enfants, veille à le faire de manière claire et honnête, en utilisant un langage adapté à leur âge. Évite de leur donner des détails complexes ou des informations inutiles qui pourraient les dépasser. Reste concentré(e) sur l'essentiel et assure-toi de transmettre un message cohérent et compréhensible. En simplifiant les explications et en utilisant des exemples concrets, tu faciliteras la compréhension de tes enfants et les aideras à se sentir en sécurité et bien informés.

- **Crée un espace sûr et accueillant**

Il est essentiel de créer un environnement sécurisant où tes enfants se sentent à l'aise d'exprimer leurs émotions et leurs préoccupations. Encourage-les activement à poser des questions et écoute attentivement leurs réactions. Fais preuve de patience et de compréhension envers leurs inquiétudes et montre-leur que tu es là pour les soutenir et les guider tout au long de cette période de transition. Réponds à leurs interrogations de manière rassurante, en leur fournissant des informations adaptées à leur âge. Lorsque tu écoutes leurs préoccupations, exprime de l'empathie et veille à leur faire savoir qu'ils peuvent toujours compter sur toi pour obtenir du soutien et des conseils.

- **Utilise des exemples concrets**

Lorsque tu parles à tes enfants de la situation, utilise des exemples concrets et familiers pour faciliter leur compréhension. Utilise des métaphores ou des comparaisons simples qui leur permettent de visualiser les changements et les ajustements qui auront lieu dans leur vie quotidienne. Par exemple, tu peux leur dire que la transition familiale est comme une nouvelle aventure où la famille explore de nouveaux chemins ensemble. Ou tu peux comparer la situation à un puzzle, expliquant que certains morceaux vont changer de place pour créer une nouvelle image, mais que chaque pièce est toujours importante et a sa place. Ces exemples visuels aident tes enfants à se sentir plus en phase avec la situation et à mieux saisir les changements qui se profilent à l'horizon.

- **Réponds à leurs questions**

Lorsque tes enfants te posent des questions, prends le temps d'y répondre de manière claire et adaptée à leur niveau de compréhension. Sois ouvert(e) et honnête dans tes réponses. Si tu ne connais pas la réponse à une question spécifique, n'hésite pas à le dire. Explique-leur que tu prendras le temps de trouver la réponse et assure-toi de revenir vers eux avec des informations précises. Cela leur montre que tu les respectes en reconnaissant leurs questions et que tu es prêt(e) à les soutenir en leur fournissant des réponses précises. Cette approche renforce la confiance entre toi et tes enfants et les encourage à continuer à s'ouvrir et à poser des questions en toute confiance.

- **Valide leurs émotions**

Il est crucial d'accueillir et de valider les émotions de tes enfants lors de cette période de transition. Lorsqu'ils expriment de la tristesse, de la confusion ou de l'inquiétude, écoute-les avec attention et empathie. Assure-toi de leur montrer que tu comprends et acceptes leurs sentiments. Rassure-les en leur expliquant que leurs émotions sont tout à fait normales dans ce contexte et qu'ils ont le droit de les ressentir. Fais-leur savoir qu'ils peuvent compter sur ton soutien inconditionnel tout au long de cette transition, et que tu es là pour les accompagner et les aider à traverser ces moments difficiles. En validant leurs émotions et en leur offrant ton soutien, tu leur permets de se sentir en sécurité et compris, ce qui favorise leur bien-être émotionnel et renforce le lien de confiance entre vous.

2. Écoute active

Pendant cette période de transition, il est primordial de consacrer du temps et de l'attention aux émotions et aux besoins de tes enfants. La pratique de l'écoute active joue un rôle essentiel dans ce processus. Être présent(e) et pleinement engagé(e) lorsque tu interagis avec tes enfants leur montre que tu les valorises et que tu te soucies de leurs pensées et de leurs sentiments.

Créer un espace sécurisé et bienveillant est crucial pour favoriser une communication ouverte et honnête. Encourage tes enfants à partager leurs pensées, leurs inquiétudes et leurs émotions, et assure-toi de les accueillir sans jugement. Montre-leur que leurs opinions sont importantes et qu'elles sont prises en considération.

L'écoute active ne se limite pas seulement aux mots prononcés, mais implique également d'être attentif(ve) aux signaux non verbaux et aux émotions sous-jacentes. Observe attentivement leur langage corporel, leurs expressions faciales et leurs tonalités vocales. Cela te permettra de mieux comprendre ce qu'ils ressentent réellement et de répondre de manière appropriée à leurs besoins émotionnels.

En écoutant activement tes enfants, tu renforces le lien de confiance avec eux. Ils se sentiront entendus, compris et soutenus, ce qui est crucial pour leur bien-être émotionnel pendant cette période de transition. Cette pratique favorise également leur développement de compétences en communication et d'estime de soi, car ils apprennent à exprimer leurs pensées et leurs sentiments de manière constructive.

N'oublie pas que chaque enfant est unique, avec sa propre façon de communiquer et de réagir aux situations. Sois patient(e) et adapte ton approche en fonction de leur âge, de leur niveau de compréhension et de leur personnalité. En pratiquant régulièrement l'écoute active, tu créeras un environnement familial basé sur l'amour, le respect et la compréhension mutuelle.

3. Renforcer les liens familiaux

Pour cultiver le bien-être familial pendant cette période de transition, il est important de trouver des activités et des moments de qualité à partager en famille. Organiser des sorties, des jeux ou des repas ensemble offre une occasion précieuse de renforcer les liens familiaux et de créer de nouveaux souvenirs positifs.

Les sorties en famille, qu'elles soient simples comme une promenade au parc ou plus élaborées comme une excursion d'une journée, offrent l'opportunité de découvrir de nouveaux endroits, de partager des expériences et de stimuler le plaisir et l'enthousiasme collectifs. Ces moments partagés renforcent le sentiment d'appartenance à la famille et favorisent un environnement positif.

Les jeux en famille sont également une excellente façon de cultiver des moments de qualité. Que ce soit des jeux de société, des jeux sportifs ou des activités créatives, ils permettent à chacun de s'impliquer et de collaborer, renforçant ainsi le sentiment d'équipe et de soutien mutuel. Les rires, la compétition amicale et les défis partagés créent des souvenirs durables et renforcent les liens affectifs.

Les repas en famille sont un autre moment privilégié pour se réunir et partager des discussions chaleureuses. Prendre le temps de cuisiner ensemble, de mettre la table et de savourer les repas permet de créer une atmosphère de convivialité et d'échange. Cela favorise la communication, l'écoute mutuelle et renforce le sentiment de connexion au sein de la famille.

Il est essentiel de choisir des activités qui conviennent aux différents membres de la famille, en tenant compte de leurs intérêts, de leurs âges et de leurs capacités. L'objectif est de créer un espace où chaque membre de la famille se sente inclus, valorisé et écouté. Ces moments de qualité partagés renforcent les liens familiaux, créent des souvenirs précieux et contribuent au bien-être émotionnel de tous les membres de la famille.

En cultivant des activités et des moments de qualité en famille, tu favorises l'amour, le respect et la compréhension mutuelle. Ces moments renforcent les liens familiaux et créent un sentiment de soutien et de sécurité au sein de la famille. Ils contribuent à construire des souvenirs positifs qui dureront longtemps et qui consolideront les relations familiales dans les moments de transition et au-delà.

4. Favoriser l'amour et la compréhension

Pour cultiver l'amour et la compréhension mutuels au sein de la famille, il est essentiel d'encourager l'empathie, le respect et la tolérance entre ses membres. En mettant l'accent sur ces valeurs, tu peux contribuer à créer un environnement familial harmonieux et soutenant.

L'empathie joue un rôle clé dans la compréhension des sentiments et des expériences des autres. Encourage tes enfants à se mettre à la place des autres membres de la famille, à écouter activement et à reconnaître les émotions et les défis auxquels ils font face. Cela leur permettra de développer une connexion plus profonde avec leurs frères et sœurs, et de montrer un soutien véritable dans les moments difficiles.

Le respect est également fondamental dans les relations familiales. Apprends à tes enfants à respecter les opinions, les choix et les différences des autres membres de la famille. Encourage-les à communiquer de manière respectueuse, à écouter attentivement et à éviter les jugements hâtifs. En favorisant un climat de respect mutuel, tu créeras un environnement où chaque membre de la famille se sentira valorisé et écouté.

La tolérance est une autre valeur importante à promouvoir au sein de la famille. Enseigne à tes enfants l'acceptation des différences, qu'elles soient culturelles, d'opinions ou de préférences individuelles. Encourage-les à s'ouvrir à de nouvelles perspectives, à pratiquer l'ouverture d'esprit et à trouver des solutions pacifiques aux conflits. Cela favorisera un climat de compréhension et d'harmonie au sein de la famille.

Apprends également à tes enfants à exprimer leur amour et leur soutien les uns envers les autres, même dans les moments difficiles. Encourage-les à dire des mots d'encouragement, à offrir des gestes de gentillesse et à faire preuve de compassion envers leurs frères et sœurs. En leur montrant l'importance de l'amour inconditionnel et du soutien familial, tu renforces les liens familiaux et crées un sentiment de sécurité émotionnelle.

En mettant l'accent sur l'empathie, le respect et la tolérance, tu favorises une atmosphère d'amour et de compréhension mutuels au sein de la famille. Cela permet à chaque membre de se sentir valorisé, écouté et soutenu. Ces valeurs contribuent à créer un environnement familial sain et épanouissant, où les relations sont nourries et où les membres de la famille peuvent grandir ensemble dans un esprit d'unité et de bienveillance.

5. Soutien émotionnel

Pendant cette période de transition, il est crucial d'être attentif(ve) aux besoins émotionnels de tes enfants. La transition peut susciter chez eux une variété d'émotions, allant de l'anxiété et de la confusion à la tristesse et à la colère. Il est important de reconnaître et de valider ces émotions, car elles font partie intégrante du processus d'adaptation.

Encourage tes enfants à exprimer ouvertement leurs émotions. Crée un espace sûr et réceptif où ils peuvent parler librement de ce qu'ils ressentent. Sois disponible pour les écouter activement, sans interrompre ni juger. Montre-leur que tu es là pour les soutenir et les comprendre, peu importe ce qu'ils ressentent.

Rassure-les constamment sur ton amour et ton engagement envers eux. Les enfants peuvent souvent ressentir de l'insécurité et craindre que les changements familiaux ne les affectent négativement. Réaffirme régulièrement que tu les aimes inconditionnellement et que cela ne changera pas, même si les circonstances évoluent. Renforce leur sentiment d'appartenance et de sécurité en soulignant que vous êtes une famille unie malgré les changements.

Fais preuve de patience, de compréhension et d'empathie lorsqu'ils expriment leurs préoccupations ou leurs inquiétudes. Évite de minimiser ou de négliger leurs émotions, car cela peut les faire se sentir incompris ou non soutenus. Prends le temps de leur expliquer les choses, de répondre à leurs questions et de les aider à comprendre les raisons derrière les changements familiaux.

Si tu remarques que tes enfants ont du mal à faire face à leurs émotions ou s'ils semblent avoir besoin d'un soutien supplémentaire, envisage de rechercher des ressources professionnelles. Un thérapeute spécialisé dans le soutien aux enfants face aux transitions familiales peut offrir une écoute neutre et des outils adaptés pour les aider à mieux comprendre et gérer leurs émotions. Cette aide professionnelle peut également leur donner un espace sécurisé pour explorer leurs sentiments et trouver des stratégies pour s'adapter à la nouvelle dynamique familiale.

En prenant soin des besoins émotionnels de tes enfants, tu leur donnes les ressources nécessaires pour traverser cette période de transition avec force et résilience. Leur offrir un soutien émotionnel constant les aide à se sentir en sécurité, aimés et compris, favorisant ainsi leur bien-être général et leur adaptation à la nouvelle dynamique familiale. En cultivant un environnement familial qui encourage l'expression émotionnelle, l'empathie et le respect mutuel, tu contribues à construire des relations familiales solides et épanouissantes.

6. Flexibilité et adaptation

Lors d'une transition familiale, il est important de reconnaître que les rôles et les routines familiales peuvent changer. Sois ouvert(e) à l'idée d'adapter ces rôles et routines pour refléter les nouvelles réalités et besoins de chaque membre de la famille. Impliquer tes enfants dans les décisions familiales peut être bénéfique, en leur offrant un sentiment d'appartenance et de participation active.

Dans la mesure du possible, donne à tes enfants la possibilité de s'exprimer et de contribuer à la création de nouvelles dynamiques familiales. Organise des discussions familiales où chacun peut partager ses idées, ses préférences et ses besoins. Écoute attentivement leurs opinions et implique-les dans la prise de décision lorsque cela est approprié. Cela leur permet de se sentir valorisés et respectés, et renforce leur sentiment de responsabilité au sein de la famille.

Sois également prêt(e) à ajuster les rôles familiaux en fonction des compétences et des capacités de chacun. Reconnaître les forces et les intérêts individuels de tes enfants peut aider à répartir les responsabilités d'une manière équilibrée et favoriser leur développement personnel. Cela peut également renforcer les liens familiaux en créant un sentiment de coopération et de soutien mutuel.

La flexibilité est une clé importante dans l'adaptation aux nouvelles dynamiques familiales. Sois prêt(e) à explorer différentes approches et à ajuster les routines en fonction des besoins changeants. Cela peut impliquer de réorganiser les horaires, de partager les tâches domestiques de manière différente ou de trouver de nouvelles activités familiales qui conviennent à tous.

En créant un environnement où les rôles et les routines familiales peuvent évoluer, tu favorises une atmosphère de compréhension, de respect et d'adaptabilité. Cela contribue à renforcer les liens familiaux et à créer un sentiment de stabilité et de soutien pendant la transition. En impliquant tes enfants dans les décisions familiales et en étant ouvert(e) à l'adaptation, tu favorises une meilleure compréhension mutuelle et une plus grande harmonie au sein de la famille.

Chapitre 7
L'épanouissement et le renouveau

Se réinventer : explorer les différentes facettes de ta personnalité et découvrir de nouvelles passions et aspirations.

1. L'exploration de soi

Prendre le temps de te connaître en profondeur est une démarche qui demande de l'introspection et de la réflexion consciente. En te posant des questions sur tes intérêts, tu te diriges vers ce qui te passionne réellement et ce qui te donne un sentiment de satisfaction. Cela peut être lié à des activités spécifiques, des domaines de connaissances, des passe-temps, des valeurs ou des causes qui te tiennent à cœur. En explorant ces intérêts, tu te rapproches de ton authenticité et tu construis une vie qui correspond à ce qui te fait vibrer.

De même, réfléchir à tes valeurs te permet de clarifier ce qui est vraiment important pour toi. Les valeurs sont les principes qui guident tes choix et ton comportement. Elles peuvent inclure des aspects tels que l'honnêteté, la compassion, la liberté, l'équilibre, la créativité ou la justice. En comprenant tes valeurs fondamentales, tu peux aligner tes actions et tes décisions sur ce qui est réellement significatif pour toi, créant ainsi une plus grande cohérence et une plus grande satisfaction dans ta vie.

L'exploration de tes talents et compétences te donne l'opportunité de découvrir tes forces et de les développer davantage. Ces talents peuvent être des capacités naturelles dans des domaines tels que la communication, la résolution de problèmes, le leadership, la créativité ou la relation avec les autres. En identifiant ces forces, tu peux les mettre en valeur dans ta vie professionnelle, tes relations interpersonnelles et tes activités personnelles, ce qui renforce ta confiance en toi et te permet d'apporter une contribution significative.

Lorsque tu explores les différentes dimensions de ta personnalité, tu te donnes la possibilité d'embrasser toutes les facettes de qui tu es. Cela inclut de prendre conscience de tes forces, mais aussi de tes faiblesses. Reconnaître tes faiblesses ne signifie pas te juger, mais plutôt devenir conscient(e) des aspects que tu souhaites améliorer et de travailler sur eux. Cela te permet de grandir, de développer de nouvelles compétences et d'évoluer en tant que personne.

Soyez ouvert(e) à découvrir des aspects de toi-même que tu n'as pas encore explorés. Cela peut impliquer d'essayer de nouvelles activités, de sortir de ta zone de confort et d'explorer de nouveaux domaines. Laisse-toi surprendre par tes propres capacités et découvre de nouvelles passions, intérêts ou talents cachés que tu n'avais peut-être pas encore découverts.

En résumé, prendre le temps de te connaître en profondeur est un voyage passionnant et enrichissant. En posant des questions sur tes intérêts, tes valeurs, tes talents et tes motivations, tu te rapproches de ton authenticité et de ce qui te donne un sens profond. En explorant les différentes dimensions de ta personnalité, tes forces et tes faiblesses, tu te donnes la possibilité de grandir et de te développer. Sois ouvert(e) à découvrir des aspects de toi-même que tu n'as pas encore explorés, car cela peut te révéler de nouvelles passions et aspirations. C'est un processus continu qui t'invite à te connecter à ton être véritable et à vivre une vie alignée avec qui tu es vraiment.

2. Découvrir de nouvelles passions

Ouvrir ton esprit à de nouvelles expériences et à de nouveaux domaines d'intérêt est une étape essentielle dans ton développement personnel. En explorant des activités et des hobbies qui t'attirent et t'inspirent, tu élargis tes horizons et tu découvres de nouvelles facettes de toi-même. C'est une opportunité de sortir de ta zone de confort et d'élargir tes perspectives.

Prends des risques et essaie des choses que tu n'as jamais faites auparavant. Laisse-toi guider par ta curiosité et ton intuition. Cela peut signifier t'inscrire à des cours, rejoindre des clubs ou des groupes d'intérêt, ou même voyager vers de nouveaux endroits. En t'ouvrant à de nouvelles expériences, tu te donnes la chance de découvrir des passions inattendues qui te procurent une réelle satisfaction et un sentiment de gratification personnelle.

Ce processus d'exploration te permet également de développer de nouvelles compétences et de te challenger. En essayant de nouvelles choses, tu peux découvrir des talents cachés ou des capacités que tu ne soupçonnais pas. Cela peut t'apporter un sentiment d'accomplissement et de croissance personnelle.

Il est important de souligner que ce processus d'exploration ne nécessite pas de se fixer des attentes élevées ou de viser la perfection. L'objectif est de te permettre d'explorer librement et de te connecter avec ce qui te fait vibrer. Sois ouvert(e) à l'expérience elle-même plutôt qu'à l'atteinte d'un résultat spécifique.

Cela te permettra d'apprécier pleinement chaque moment et de te laisser guider par ton intuition.

En conclusion, ouvrir ton esprit à de nouvelles expériences et à de nouveaux domaines d'intérêt est une démarche stimulante et gratifiante. Explore des activités et des hobbies qui t'attirent et t'inspirent, et ose sortir de ta zone de confort. Prends des risques, essaie des choses nouvelles et découvre des passions qui te procurent une satisfaction personnelle. Souviens-toi que l'important est le voyage lui-même et la connexion avec toi-même, plutôt que d'atteindre des résultats précis. Permets-toi de te laisser guider par ton intuition et de découvrir de nouvelles facettes de toi-même tout au long de ce processus d'exploration.

3. Redéfinir tes aspirations

Dans cette période de réinvention et de redécouverte de toi-même, il est essentiel de prendre le temps de réfléchir à tes aspirations et à tes objectifs dans la vie. Il peut être utile de remettre en question tes aspirations actuelles et de t'assurer qu'elles sont toujours alignées avec ce que tu veux réellement.

Prends un moment pour te connecter avec tes valeurs les plus profondes et demande-toi si tes objectifs actuels correspondent à ces valeurs. Parfois, nous pouvons nous trouver pris dans des aspirations qui ne nous satisfont plus ou qui ne nous permettent pas de vivre une vie épanouissante et significative. C'est le moment idéal pour revoir tes priorités et te fixer de nouveaux objectifs qui reflètent tes aspirations les plus profondes.

Imagine la vie que tu souhaites mener. Visualise les aspects importants pour toi : qu'il s'agisse de relations significatives, d'un équilibre entre vie personnelle et professionnelle, de contributions à la société ou de la réalisation de tes passions. Prends en compte tous les domaines de ta vie, y compris ta carrière, ta santé, tes relations, tes loisirs et ton bien-être émotionnel.

Une fois que tu as une vision claire de la vie que tu souhaites mener, identifie les étapes nécessaires pour y parvenir. Ces étapes peuvent être grandes ou petites, mais elles sont toutes importantes pour te guider vers tes aspirations. Fixe-toi des objectifs réalistes et réalisables à court et à long terme. Élabore un plan d'action qui inclut les mesures concrètes que tu peux prendre pour progresser vers tes aspirations.

N'oublie pas que redéfinir tes aspirations ne signifie pas nécessairement que tu dois changer complètement de direction dans la vie. Il peut s'agir simplement d'ajuster tes objectifs et tes actions pour mieux correspondre à tes valeurs et à tes aspirations profondes. L'important est de t'aligner avec ce qui est authentique pour toi et de créer une vie qui te rende heureux(se) et épanoui(e).

Sache que tes aspirations peuvent évoluer au fil du temps, et c'est tout à fait normal. La réinvention de soi est un processus continu, et il est important de rester ouvert(e) et flexible à mesure que tu te découvres et que tu grandis. Permets-toi d'explorer de nouveaux horizons, de prendre des risques et d'apprendre de tes expériences.

En redéfinissant tes aspirations, tu te donnes la permission de créer une vie qui est en harmonie avec ton être intérieur. C'est une opportunité passionnante de te reconnecter avec tes rêves et de te diriger vers un avenir qui est aligné avec ta véritable essence. Prends le temps de réfléchir, d'imaginer et de planifier, puis avance avec confiance vers une vie remplie de sens et de satisfaction.

4. Expérimenter et prendre des risques

Dans le processus de réinvention personnelle, il est essentiel d'adopter une attitude d'ouverture et de courage pour expérimenter de nouvelles choses. Ne crains pas de sortir de ta zone de confort, car c'est là que se trouvent les opportunités de croissance et de découvertes inattendues.

Prends le temps d'explorer des terrains inconnus et d'essayer des choses que tu n'as jamais faites auparavant. Cela peut impliquer de suivre des cours dans un domaine qui t'intéresse, de participer à des ateliers, de voyager vers de nouveaux endroits ou de te lancer dans de nouveaux projets. L'important est d'élargir tes horizons et de te donner la possibilité d'apprendre et de grandir.

N'aie pas peur de l'échec, car il fait partie intégrante du processus d'apprentissage. Les erreurs et les défis te permettent de comprendre tes limites, de te remettre en question et de découvrir ce qui fonctionne vraiment pour toi. Chaque expérience, qu'elle soit réussie ou non, t'apportera une leçon précieuse et te rapprochera de tes objectifs de réinvention.

Il est également important de rester ouvert(e) aux opportunités qui se présentent à toi. Parfois, la vie nous offre des occasions inattendues qui peuvent changer notre trajectoire. Sois attentif(ve) aux signes et aux synchronicités, et saisis les opportunités qui résonnent avec tes aspirations et tes valeurs.

L'expérimentation et la prise de risques t'offrent la possibilité de te découvrir et de te dépasser. Elles élargissent ton champ de possibilités et te permettent de développer de nouvelles compétences, de rencontrer de nouvelles personnes et de vivre des expériences enrichissantes. En prenant des risques calculés et en sortant de ta zone de confort, tu te donnes la chance de créer une vie plus épanouissante et alignée avec tes aspirations.

Rappelle-toi que chaque nouvelle expérience est une occasion d'apprentissage et de croissance. Même si tu rencontres des obstacles en cours de route, utilise-les comme des opportunités pour renforcer ta résilience et ta détermination. Les leçons tirées de tes expériences t'aideront à ajuster ta trajectoire et à progresser vers ta réinvention personnelle.

En somme, n'aie pas peur d'expérimenter et de prendre des risques dans ta quête de réinvention personnelle. Ouvre-toi aux nouvelles possibilités, embrasse les défis et apprends des expériences, qu'elles soient positives ou négatives. C'est dans cet esprit d'exploration et de courage que tu pourras créer une vie authentique et épanouissante, en accord avec tes aspirations profondes.

5. S'entourer de personnes inspirantes

Dans le processus de réinvention personnelle, il est essentiel de s'entourer de personnes inspirantes. Chercher des individus qui t'inspirent et qui partagent des aspirations similaires peut avoir un impact significatif sur ton développement personnel et tes chances de réussite.

Recherche des amis, des mentors ou des modèles qui ont déjà entrepris des parcours de réinvention personnelle ou qui incarnent les valeurs et les objectifs que tu souhaites atteindre. Ces personnes peuvent te fournir des conseils précieux, partager leurs expériences et te guider sur ton propre chemin de réinvention.

Les personnes inspirantes peuvent t'encourager et te soutenir lorsque tu rencontres des obstacles. Elles peuvent t'offrir des perspectives nouvelles et te donner des conseils pratiques basés sur leurs propres expériences. Leur présence dans ta vie peut t'inspirer à te dépasser et à viser plus haut.

Créer un réseau de soutien positif est également important pour te sentir entouré(e) et compris(e) pendant ta réinvention. Entoure-toi de personnes qui croient en toi, qui te motivent et qui te soutiennent dans tes objectifs. Ces personnes peuvent t'offrir un espace sûr pour partager tes idées, tes doutes et tes succès, ce qui renforce ta confiance en toi et te donne la motivation nécessaire pour continuer à avancer.

Lorsque tu choisis ton cercle social, veille à sélectionner des personnes qui ont une attitude positive, qui sont prêtes à t'écouter et à t'encourager. Évite les personnes négatives ou celles qui te découragent de poursuivre tes aspirations. Tu mérites d'être entouré(e) de personnes qui te soutiennent et qui te stimulent positivement.

N'oublie pas que tu peux également être une source d'inspiration pour les autres. Partage tes expériences, tes idées et tes progrès avec ton cercle social. En contribuant à l'inspiration des autres, tu renforces tes propres motivations et tu te rappelles de l'importance de ton propre cheminement.

En somme, s'entourer de personnes inspirantes est un élément clé de ta réinvention personnelle. Cherche activement des individus qui partagent tes aspirations et qui peuvent t'offrir leur soutien, leurs conseils et leur inspiration. Ensemble, vous pouvez créer un environnement propice à la croissance personnelle et à la réalisation de tes objectifs de réinvention.

6. Laisser place à l'exploration

Lorsque tu entreprends un processus de réinvention personnelle, il est important de garder l'esprit ouvert et de laisser place à l'exploration. Parfois, cela signifie être prêt(e) à suivre des chemins différents de ceux que tu avais initialement prévus.

La vie est pleine d'opportunités et d'imprévus. En embrassant l'exploration, tu te donnes la chance de découvrir de nouveaux horizons, de rencontrer des personnes inspirantes et de trouver des voies inattendues vers ton épanouissement personnel.

S'ouvrir à l'exploration signifie être prêt(e) à sortir de ta zone de confort et à prendre des risques. Cela peut impliquer de faire des choix qui semblent inhabituels ou audacieux, mais qui correspondent à tes aspirations profondes. Sois prêt(e) à suivre ton intuition, à écouter ton cœur et à saisir les opportunités qui se présentent à toi, même si elles semblent différentes de ce que tu avais prévu.

Lorsque tu te laisses guider par l'exploration, tu te permets de grandir et de te développer de manière imprévisible. Tu peux découvrir de nouvelles passions, acquérir de nouvelles compétences et trouver des chemins de carrière inattendus. Cela te permet d'élargir ton horizon et de te reconnecter à ton potentiel illimité.

Cependant, l'exploration ne signifie pas se perdre dans l'incertitude. Il est important de rester conscient(e) de tes objectifs et de tes valeurs fondamentales.

L'exploration doit être guidée par un sens clair de ce que tu veux vraiment dans la vie et par la volonté de prendre des décisions alignées avec tes aspirations les plus profondes.

Laisse-toi également le temps et l'espace nécessaires pour réfléchir et évaluer les nouvelles opportunités qui se présentent à toi. Prends le temps de réfléchir à leur adéquation avec tes objectifs et à leur potentiel d'épanouissement personnel. Sois attentif(ve) aux signes et aux intuitions qui te guident vers les choix qui sont véritablement alignés avec ton bien-être et ton bonheur.

En somme, laisser place à l'exploration est une étape essentielle de la réinvention personnelle. Sois prêt(e) à sortir de ta zone de confort, à prendre des risques calculés et à suivre les opportunités qui se présentent à toi. Cette ouverture à l'exploration te permettra de découvrir de nouvelles voies, de réaliser ton plein potentiel et de vivre une vie plus épanouissante.

Cultiver une relation émotionnellement épanouissante : donner des conseils sur la communication, la vulnérabilité et la construction d'une relation saine et équilibrée avec ton nouvel amour.

1. Communication ouverte et honnête

La communication est le fondement d'une relation saine et épanouissante. Prendre le temps de parler ouvertement avec ton nouvel amour est essentiel pour établir une connexion profonde et favoriser une compréhension mutuelle. Exprime tes sentiments, tes attentes et tes besoins d'une manière claire et respectueuse. Sois attentif(ve) à ce que ton partenaire a à dire, en prêtant une oreille attentive et en faisant preuve d'empathie.

Lorsque vous communiquez, évitez les jugements et les accusations. Cherchez plutôt à comprendre l'autre personne et à trouver des solutions constructives en cas de désaccord ou de conflit. Sois ouvert(e) à la rétroaction et au dialogue, en créant un espace où vous pouvez vous exprimer en toute confiance.

La communication ne se limite pas seulement aux discussions sur les problèmes. Elle doit également inclure des moments de partage, de complicité et de célébration. Trouvez des moments pour discuter de vos rêves, de vos aspirations et de vos expériences de vie.

Partagez vos joies, vos préoccupations et vos réussites, renforçant ainsi votre lien émotionnel.

N'oublie pas que la communication ne se limite pas aux mots. Les expressions non verbales, comme les gestes, les regards et les contacts physiques, jouent également un rôle important dans la communication émotionnelle. Sois attentif(ve) aux signaux non verbaux de ton partenaire et exprime ton amour et ton soutien à travers ces gestes affectueux.

En cultivant une communication ouverte et honnête, tu créeras un environnement de confiance et de compréhension mutuelle. La communication est un processus continu, alors assure-toi de maintenir une communication régulière et de faire preuve de patience et d'écoute active. En investissant dans la communication, tu construiras une base solide pour une relation émotionnellement épanouissante et durable.

2. Pratiquer la vulnérabilité

La vulnérabilité est en effet essentielle pour établir une intimité émotionnelle plus profonde dans une relation. Oser être authentique et ouvert(e) à propos de tes émotions, de tes peurs et de tes besoins crée un espace de confiance et de compréhension mutuelle. Cela permet à ton partenaire de te connaître vraiment et de se connecter avec toi sur un niveau plus profond.

Lorsque tu te montres vulnérable, tu exprimes ta véritable authenticité et tu permets à ton partenaire de faire de même. Cela peut signifier partager tes craintes, tes doutes, tes blessures émotionnelles ou tes désirs les plus profonds. En te montrant vulnérable, tu ouvres la porte à une communication plus intime et honnête, permettant à ton partenaire de te soutenir et de t'aimer pleinement.

Il est important de créer un environnement de sécurité émotionnelle où la vulnérabilité est encouragée et respectée. Assure-toi que ton partenaire se sent en confiance pour partager sa vulnérabilité, en l'écoutant activement et en réagissant avec empathie et compassion. Évite les jugements et les critiques, et fais preuve de patience et de soutien lorsque ton partenaire se montre vulnérable.

La vulnérabilité peut également renforcer la connexion profonde et l'intimité émotionnelle dans une relation. En partageant tes émotions les plus sincères et en écoutant celles de ton partenaire, vous créez un lien authentique basé sur une compréhension mutuelle.

Cette connexion intime peut nourrir l'amour, la confiance et le soutien dans votre relation.

Il est important de noter que la vulnérabilité ne signifie pas être faible. Au contraire, c'est un signe de force et de courage d'ouvrir son cœur et de se montrer tel que l'on est réellement. La vulnérabilité permet de construire une relation plus profonde et plus significative, où vous pouvez grandir ensemble et vous soutenir mutuellement.

En résumé, la vulnérabilité est une clé pour approfondir l'intimité émotionnelle dans une relation. En étant authentique, ouvert(e) et réceptif(ve) à la vulnérabilité de ton partenaire, vous pouvez créer un environnement de confiance et de compréhension mutuelle. La vulnérabilité favorise une connexion profonde et une relation émotionnellement épanouissante.

3. Établir des limites saines

Dans toute relation, établir des limites claires et respectueuses est essentiel pour maintenir l'indépendance, le respect mutuel et la santé émotionnelle de chacun. Prendre le temps de discuter ensemble des attentes, des préférences et des besoins en matière d'espace personnel, de temps seul(e) et de vie individuelle peut aider à établir ces limites de manière harmonieuse.

Lors de ces discussions, il est important d'écouter activement les besoins et les préoccupations de chacun. Exprimez ouvertement vos propres limites et soyez attentif(ve) aux limites énoncées par votre partenaire. Respectez les besoins de chacun et trouvez un équilibre qui convient aux deux parties.

Les limites saines peuvent inclure des aspects tels que le temps personnel pour poursuivre des intérêts individuels, l'espace pour prendre des décisions autonomes, et la communication claire sur les attentes concernant le partage de responsabilités domestiques, financières ou autres. En établissant ces limites, vous créez un environnement où chacun peut se sentir en sécurité, respecté et libre d'être lui-même.

Il est également important de reconnaître que les limites peuvent évoluer au fil du temps. Les discussions sur les limites devraient être continues et adaptées en fonction des changements dans la relation et les besoins individuels. Soyez ouvert(e) à ajuster les limites lorsque cela est nécessaire, tout en maintenant une communication honnête et respectueuse.

Enfin, respecter les limites de votre partenaire est une manifestation de respect et de considération mutuels. Veillez à ne pas franchir les limites fixées par votre partenaire et à être sensible à ses besoins d'espace personnel et de vie individuelle. En agissant de la sorte, vous favorisez une relation équilibrée, où chacun peut s'épanouir en tant qu'individu tout en maintenant une connexion émotionnelle saine.

En somme, établir des limites claires et respectueuses est essentiel pour préserver l'indépendance, le respect mutuel et la santé émotionnelle dans une relation. En discutant ensemble des attentes et des besoins, en respectant les limites de chacun et en étant ouvert(e) à la communication continue, vous créez un environnement où la relation peut s'épanouir de manière équilibrée et épanouissante.

4. Cultiver l'équilibre

Dans une relation émotionnellement épanouissante, il est essentiel de trouver un équilibre entre donner et recevoir. Cela signifie être attentif(ve) aux besoins de votre partenaire et vous assurer que vos propres besoins sont également pris en compte.

Veillez à ce que la relation ne devienne pas déséquilibrée, avec l'un des partenaires dominant ou négligeant les besoins de l'autre. Une communication ouverte et honnête est cruciale pour maintenir cet équilibre. Prenez le temps de discuter régulièrement de vos attentes, de vos préoccupations et de vos aspirations. Écoutez activement ce que votre partenaire a à dire et montrez-lui que ses besoins et ses désirs sont importants pour vous.

Accordez-vous mutuellement du temps et de l'attention. Trouvez un équilibre entre les moments partagés en couple et le temps passé individuellement. Reconnaître l'importance d'avoir une vie individuelle équilibrée est essentiel pour maintenir votre bien-être personnel et éviter de devenir trop dépendant(e) de votre partenaire.

Encouragez-vous mutuellement dans vos objectifs personnels et soutenez-vous dans vos aspirations. Cela signifie être présent(e) pour votre partenaire, l'encourager dans ses projets et célébrer ses réussites. Il est également important de vous soutenir mutuellement lorsque vous faites face à des défis ou à des obstacles. Une relation émotionnellement épanouissante est basée sur le soutien mutuel et la croissance personnelle.

En résumé, pour cultiver une relation émotionnellement épanouissante, il est essentiel de trouver un équilibre entre donner et recevoir, d'être attentif(ve) aux besoins de votre partenaire tout en veillant à vos propres besoins. Encouragez-vous mutuellement dans vos objectifs personnels, maintenez une vie individuelle équilibrée et soutenez-vous mutuellement dans vos aspirations. En créant cet équilibre, vous favorisez une relation saine et épanouissante.

5. Pratiquer l'empathie et la compréhension

Dans une relation émotionnellement épanouissante, l'empathie joue un rôle essentiel. Elle permet de développer une compréhension profonde de l'autre personne, de ses émotions et de ses perspectives. Cultiver cette qualité dans ta relation peut renforcer la connexion émotionnelle et favoriser un soutien mutuel.

L'empathie se manifeste par une écoute attentive et active. Lorsque ton partenaire s'exprime, accorde-lui toute ton attention. Sois présent(e) et fais preuve d'ouverture d'esprit. Évite les jugements et les réactions impulsives. Laisse ton partenaire s'exprimer librement et montre-lui que tu es là pour l'écouter et le comprendre.

Validation et reconnaissance sont également importants. Lorsque ton partenaire partage ses émotions, assure-toi de les valider. Fais preuve de compréhension et de respect envers ses sentiments, même s'ils diffèrent des tiens. Évite de minimiser ou d'ignorer ses émotions. Au lieu de cela, montre de l'empathie en exprimant ta compréhension et en faisant preuve de soutien.

Faire preuve d'empathie implique également de chercher à comprendre les expériences de ton partenaire. Mets-toi à sa place et essaie de voir les choses de son point de vue. Cela peut nécessiter de faire preuve d'imagination et de mettre de côté tes propres préjugés ou opinions. Sois ouvert(e) à entendre et à apprendre de l'expérience de ton partenaire, même si elle diffère de la tienne.

Enfin, exprime ta compassion et ton soutien mutuel. Lorsque ton partenaire traverse des moments difficiles, montre-lui que tu es là pour le soutenir. Offre ton aide, ton réconfort et ton soutien émotionnel. Sois présent(e) de manière active et engage-toi dans des gestes de gentillesse et de solidarité. La compassion et le soutien mutuel renforcent la connexion émotionnelle et favorisent une relation épanouissante.

En cultivant l'empathie dans ta relation, tu renforces la compréhension, la compassion et la connexion avec ton partenaire. En étant attentif(e) à ses émotions, en validant ses expériences et en offrant ton soutien, tu favorises une relation saine et épanouissante, basée sur la confiance et le respect mutuel.

6. Cultiver l'amour et la gratitude

Dans une relation émotionnellement épanouissante, exprimer régulièrement son amour et sa gratitude envers son partenaire est essentiel pour nourrir la connexion et renforcer les liens affectifs. Cela implique de reconnaître et de valoriser les qualités, les actions et les efforts de son partenaire.

La gratitude est un puissant moteur de l'amour et de l'appréciation. Prenez le temps de dire à votre partenaire à quel point vous êtes reconnaissant(e) de sa présence dans votre vie. Exprimez votre reconnaissance pour les petites choses qu'il ou elle fait, ainsi que pour les qualités et les valeurs qu'il ou elle apporte à la relation. Montrez à votre partenaire qu'il ou elle est important(e) et que vous appréciez ses contributions.

L'expression de l'amour passe également par des gestes d'affection. Prenez l'habitude de montrer à votre partenaire que vous l'aimez par des câlins, des baisers, des gestes tendres et des mots doux. Ces petites démonstrations d'affection renforcent le lien émotionnel et rappellent à votre partenaire votre amour et votre attachement.

En plus des gestes physiques, les moments de qualité sont également importants pour exprimer votre amour et votre engagement envers votre partenaire. Accordez-vous du temps ensemble, sans distractions, pour partager des activités, des conversations significatives et des expériences enrichissantes. Ces moments privilégiés renforcent la complicité et la connexion émotionnelle, tout en créant des souvenirs précieux.

N'oubliez pas non plus les petites attentions au quotidien. Un message doux, un petit cadeau surprise, une tâche ménagère accomplie ou un soutien lors d'une journée difficile peuvent montrer à votre partenaire que vous vous souciez de lui ou d'elle et que vous êtes là pour le ou la soutenir.

En exprimant régulièrement votre amour et votre gratitude envers votre partenaire, vous créez un environnement où l'amour et l'appréciation sont nourris. Cela renforce les liens affectifs, cultive un sentiment de sécurité et de bonheur dans la relation, et contribue à une relation émotionnellement épanouissante et durable.

Chapitre 8
Évolution continue

Prendre soin de toi : développer des rituels et des pratiques d'autogestion qui nourrissent ton bien-être émotionnel, physique et spirituel.

1. **Rituel de self-care émotionnel**

Le rituel de self-care émotionnel est une pratique importante pour prendre soin de ton bien-être émotionnel. Il consiste à accorder du temps et de l'attention à tes émotions, à tes besoins et à ta santé mentale. Voici quelques idées pour développer ce rituel dans ta vie :

- **Méditation et pleine conscience**

La méditation et la pleine conscience sont des pratiques qui te permettent de te connecter à ton moi intérieur et d'explorer tes émotions et tes pensées de manière consciente et bienveillante. La méditation consiste à porter ton attention sur un objet spécifique, comme ta respiration, pour calmer ton esprit et te centrer dans le moment présent.

En consacrant quelques minutes chaque jour à la méditation, tu peux développer une plus grande clarté mentale et émotionnelle. Assis(e) confortablement, ferme les yeux et porte ton attention sur ta respiration. Observe la sensation de l'air entrant et sortant de ton corps, sans jugement ni attente. Lorsque ton esprit se met à vagabonder, ramène doucement ton attention à ta respiration.

La pratique de la pleine conscience, quant à elle, consiste à être pleinement présent(e) à l'instant présent, en observant tes pensées, tes émotions et tes sensations sans les juger ni essayer de les changer. Tu peux pratiquer la pleine conscience dans différentes activités de ta vie quotidienne, comme manger, marcher ou même faire la vaisselle. Porte ton attention à chaque geste, chaque sensation et chaque ressenti, en étant conscient(e) de l'expérience présente.

La méditation et la pleine conscience t'offrent une pause dans le rythme effréné de la vie quotidienne. Elles te permettent de te recentrer, de te détendre et de développer une meilleure connaissance de toi-même. En prenant conscience de tes émotions et de tes pensées, tu peux mieux comprendre ce qui se passe en toi et trouver des réponses plus sages et plus équilibrées aux situations de la vie.

La méditation et la pleine conscience peuvent également te permettre de cultiver une plus grande compassion envers toi-même et envers les autres. En observant tes émotions sans jugement, tu apprends à te soutenir et à t'accepter tel que tu es. Cela te permet également d'être plus présent(e) et attentif(ve) aux émotions et aux besoins de ton partenaire, favorisant ainsi une communication et une connexion plus profondes dans votre relation.

En intégrant la méditation et la pleine conscience dans ta routine quotidienne, même quelques minutes par jour, tu développes une pratique qui t'aide à te connecter à ton état émotionnel, à te détendre et à cultiver une relation émotionnellement épanouissante avec ton partenaire.

- **Écriture dans un journal**

L'écriture dans un journal est une pratique puissante qui te permet d'explorer tes émotions, tes pensées et tes expériences d'une manière intime et personnelle. Prendre le temps d'écrire régulièrement dans un journal peut être un moyen efficace de traiter tes émotions, de te libérer de tes pensées et de développer une meilleure compréhension de toi-même.

Lorsque tu écris dans ton journal, tu peux te concentrer sur tes sentiments du moment, qu'ils soient positifs, négatifs ou confus. Exprimer tes émotions à travers les mots peut être un moyen de les identifier, de les nommer et de les clarifier. Cela te permet de prendre du recul par rapport à tes expériences et de mieux les comprendre.

Prends le temps d'écrire sur les défis émotionnels auxquels tu fais face, les situations qui te rendent heureux(se) ou triste, tes préoccupations, tes aspirations, tes gratitudes, ou tout ce qui occupe ton esprit. N'aie pas peur d'être honnête et authentique dans tes écrits, car le journal est un espace privé où tu peux te livrer en toute sécurité.

En écrivant dans ton journal, tu peux également découvrir des schémas de pensée récurrents, des croyances limitantes ou des déclencheurs émotionnels. Cela te permet de prendre conscience des aspects de toi-même qui pourraient nécessiter une attention particulière ou un travail de développement personnel.

L'écriture dans un journal peut également être un moyen de trouver des solutions aux défis émotionnels auxquels tu es confronté(e). En écrivant librement, tu peux explorer différentes perspectives, examiner tes options et trouver des réponses ou des idées que tu n'aurais peut-être pas considérées autrement.

En fin de compte, l'écriture dans un journal est un outil puissant pour te connecter à toi-même, pour t'exprimer en toute liberté et pour développer une meilleure compréhension de tes émotions et de tes pensées. Cela te permet de te soigner émotionnellement, de trouver des réponses à tes questions internes et de prendre des décisions plus éclairées dans ta relation et dans ta vie en général.

- **Thérapie ou counseling**

Consulter un thérapeute ou un conseiller peut être une étape précieuse dans ton parcours de développement personnel et émotionnel. Un professionnel qualifié dans le domaine de la thérapie ou du counseling peut t'offrir un espace sûr et confidentiel pour explorer tes émotions, tes expériences passées et tes schémas de pensée.

Lors des séances de thérapie, tu auras l'occasion de parler ouvertement de tes préoccupations, de tes défis émotionnels et des difficultés que tu rencontres. Le thérapeute ou le conseiller est formé pour t'écouter attentivement, te comprendre et t'offrir un soutien empathique et sans jugement.

Un des avantages de la thérapie est que le thérapeute peut t'aider à identifier les schémas de pensée ou les comportements qui peuvent contribuer à tes difficultés émotionnelles. Grâce à cette prise de conscience, tu peux commencer à développer de nouvelles stratégies et des compétences d'adaptation pour faire face au stress, à l'anxiété ou à d'autres défis.

La thérapie peut également t'aider à explorer ton passé et à comprendre comment certaines expériences peuvent avoir une influence sur tes émotions et ton comportement actuels. En travaillant sur la guérison et la résolution des traumatismes émotionnels, tu peux trouver une plus grande clarté et une plus grande paix intérieure.

En plus de fournir un soutien émotionnel, la thérapie peut t'offrir des outils pratiques pour gérer le stress, l'anxiété et les autres défis émotionnels. Tu peux apprendre des techniques de gestion du stress, des stratégies de résolution de problèmes, des compétences en communication et d'autres compétences qui peuvent être appliquées à divers aspects de ta vie.

Il est important de souligner que consulter un thérapeute ne signifie pas que tu es "cassé(e)" ou que tu as un problème grave. Au contraire, la thérapie est un moyen de prendre soin de toi-même et de ton bien-être émotionnel. C'est un acte de courage et de croissance personnelle.

Dans l'ensemble, la thérapie ou le counseling peut être un outil précieux pour te soutenir dans ta quête de bien-être émotionnel et de développement personnel. En travaillant avec un professionnel qualifié, tu peux acquérir de nouvelles perspectives, développer des compétences d'adaptation et trouver un soutien dans ton parcours de réinvention et de croissance personnelle.

- **Connexion avec tes proches**

Les relations sociales et le soutien de tes proches sont essentiels pour ton bien-être émotionnel. Prendre le temps de te connecter avec les personnes qui te sont chères peut apporter une immense satisfaction et contribuer à ton épanouissement personnel.

Partager des moments de qualité avec tes proches est un moyen précieux de cultiver des liens affectifs forts. Que ce soit en passant du temps ensemble lors de sorties, de dîners en famille ou de voyages, ces moments permettent de créer des souvenirs précieux et de renforcer les liens d'amour et de soutien mutuel.

En plus des activités partagées, les conversations significatives jouent également un rôle important dans la connexion avec tes proches. Prends le temps de t'engager dans des discussions ouvertes et honnêtes avec les personnes qui te sont proches. Cela peut inclure des conversations sur tes sentiments, tes préoccupations, tes aspirations et tes réussites. Ces échanges sincères favorisent la compréhension mutuelle, la confiance et le soutien émotionnel.

Lorsque tu traverses des moments difficiles, n'hésite pas à rechercher le soutien de tes proches. Ils peuvent t'offrir une oreille attentive, des conseils et un soutien émotionnel précieux. Parfois, simplement partager tes préoccupations avec quelqu'un qui te comprend et te soutient peut alléger le fardeau émotionnel et te donner une perspective différente sur les défis auxquels tu fais face.

Il est important de cultiver des relations de qualité avec tes proches en investissant du temps, de l'énergie et de l'attention dans ces relations. Sois présent(e) et attentif(ve) lorsque tu interagis avec eux. Écoute activement ce qu'ils ont à dire, montre de l'empathie et fais preuve d'un véritable intérêt pour leur bien-être. Cultiver des relations significatives et positives te permet de te sentir soutenu(e), aimé(e) et connecté(e) sur le plan émotionnel.

- **Moments de solitude**

Les moments de solitude jouent un rôle essentiel dans le développement personnel et le bien-être émotionnel. Ils te permettent de te ressourcer, de te reconnecter à toi-même et de trouver la clarté émotionnelle. Il est important de t'accorder régulièrement des moments de solitude pour prendre soin de toi et favoriser ton épanouissement personnel.

Pendant ces moments de solitude, tu peux pratiquer des activités qui te nourrissent sur le plan émotionnel. Cela peut inclure des activités artistiques comme la peinture, l'écriture ou la musique, qui te permettent de t'exprimer librement et de canaliser tes émotions. La créativité est un moyen puissant de te connecter avec ton moi intérieur et de favoriser une plus grande compréhension de toi-même.

Tu peux également choisir de passer du temps dans la nature lors de tes moments de solitude. La nature offre un environnement calme et apaisant qui favorise la relaxation et la réflexion. La marche en pleine nature, la méditation en plein air ou simplement s'asseoir et observer les éléments naturels peuvent t'aider à te détendre, à te recentrer et à retrouver un état de calme intérieur.

Profiter de moments de solitude te permet également de prendre du recul par rapport aux exigences et aux stimulations constantes de la vie quotidienne. Cela te donne l'occasion de te déconnecter des distractions extérieures et de te connecter avec tes pensées, tes émotions et tes besoins intérieurs. C'est un moment privilégié pour réfléchir à ta vie, à tes objectifs, à tes aspirations et à tes préoccupations. L'écoute de ton moi intérieur te permet de te guider vers ce qui est vraiment important pour toi et d'identifier les ajustements nécessaires pour ton bien-être émotionnel et ton épanouissement.

Les moments de solitude sont également propices à la pratique de la pleine conscience. En portant une attention consciente à tes sensations physiques, à tes pensées et à tes émotions présentes, tu peux développer une plus grande conscience de toi-même et de ton état émotionnel. Cela t'aide à développer une plus grande acceptation et une meilleure gestion de tes émotions.

Il est important de souligner que la solitude ne signifie pas l'isolement. Tu peux toujours chercher le soutien et la connexion avec tes proches lorsque tu en as besoin. Les moments de solitude sont simplement des occasions précieuses pour te retrouver avec toi-même, te ressourcer et te concentrer sur ton bien-être émotionnel.

En intégrant ces pratiques dans ta routine quotidienne, tu peux développer un rituel de self-care émotionnel qui te permet de t'écouter, de te soutenir et de nourrir ton bien-être émotionnel. Cela contribue à une relation émotionnellement épanouissante, car tu es en mesure de gérer tes émotions et d'être présent(e) pour ton partenaire de manière équilibrée et bienveillante.

2. Soins physiques réguliers

Prendre soin de ton corps est essentiel pour ton bien-être physique et émotionnel. En adoptant une routine de soins physiques régulière, tu favorises une meilleure santé globale et une plus grande vitalité.

L'exercice physique est une composante importante des soins physiques. Identifie les activités qui te plaisent et qui te permettent de te sentir bien dans ton corps. Que ce soit la danse, la course, le yoga, la natation ou toute autre forme d'exercice, choisis ce qui te convient le mieux. Consacre régulièrement du temps à l'activité physique, que ce soit en t'entraînant seul(e) ou en rejoignant des cours collectifs. L'exercice physique libère des endorphines, les hormones du bonheur, qui améliorent ton humeur et réduisent le stress. En prenant soin de ton corps de cette manière, tu favorises une plus grande vitalité et une meilleure santé physique et mentale.

L'alimentation équilibrée est également essentielle pour prendre soin de ton corps. Consacre du temps à préparer des repas sains et nourrissants. Choisis des aliments frais, variés et riches en nutriments. Veille à inclure des fruits, des légumes, des protéines, des grains entiers et des graisses saines dans ton alimentation quotidienne. Évite les aliments transformés et riches en sucres ajoutés. En nourrissant ton corps avec des aliments sains et équilibrés, tu lui donnes les nutriments dont il a besoin pour fonctionner de manière optimale et maintenir ton énergie tout au long de la journée.

Le sommeil adéquat joue également un rôle crucial dans les soins physiques. Accorde une attention particulière à ton sommeil et veille à avoir une routine de sommeil régulière. Assure-toi de dormir suffisamment chaque nuit pour permettre à ton corps et à ton esprit de se reposer et de se régénérer. Crée un environnement propice au sommeil en veillant à ce que ta chambre soit sombre, calme et fraîche. Évite les écrans et les stimulants avant de te coucher. Le sommeil de qualité est essentiel pour ton bien-être physique et mental, et il te permet d'être plus énergique, concentré(e) et résistant(e) au stress.

La gestion du stress est également une composante importante des soins physiques. Identifie les techniques de gestion du stress qui fonctionnent le mieux pour toi, que ce soit la méditation, la respiration profonde, le yoga ou toute autre pratique de relaxation. Accorde-toi régulièrement des moments de détente pour te reposer et te ressourcer. Apprends à reconnaître les signes de stress dans ton corps et à prendre des mesures pour les atténuer. La gestion du stress te permet de maintenir un équilibre émotionnel et physique, ce qui est essentiel pour une vie saine et épanouissante.

En résumé, prendre soin de ton corps est une composante essentielle des soins personnels. En adoptant une routine de soins physiques régulière, tu favorises une meilleure santé physique, une plus grande vitalité et un bien-être émotionnel. Veille à intégrer l'exercice physique, une alimentation équilibrée, un sommeil adéquat et la gestion du stress dans ta vie quotidienne. En prenant soin de ton corps, tu crées les conditions optimales pour une vie équilibrée et épanouissante.

3. Pratique spirituelle

La pratique spirituelle peut jouer un rôle significatif dans le développement personnel en nourrissant ton bien-être émotionnel et en te reliant à une dimension plus profonde de ton être. Il existe de nombreuses voies pour cultiver ta spiritualité, et il est important de trouver celle qui résonne le mieux avec tes croyances et tes valeurs.

La méditation est une pratique courante qui peut t'aider à calmer ton esprit, à cultiver la pleine conscience et à te connecter à ton essence spirituelle. En te concentrant sur ton souffle, en observant tes pensées et en développant une présence attentive, tu peux découvrir un espace de calme intérieur et de connexion avec ton moi profond.

La prière est une autre pratique spirituelle qui peut te permettre de te connecter à une force supérieure, que tu la conçoives comme divine ou comme l'expression de l'univers. La prière te permet de t'ouvrir, de faire des demandes, d'exprimer ta gratitude et de chercher du réconfort spirituel.

La pratique du yoga, en plus de ses bienfaits physiques, peut également être une voie spirituelle. Les asanas (postures) et la respiration consciente utilisés dans le yoga peuvent t'aider à te connecter à ton corps, à ton esprit et à ton essence spirituelle. Le yoga t'invite à être présent(e) dans l'instant et à cultiver la gratitude et la compassion envers toi-même et les autres.

La lecture de textes spirituels peut t'inspirer et te guider dans ta recherche de sens et de connexion spirituelle. Que ce soit les enseignements religieux, les philosophies spirituelles ou les écrits inspirants, plonge-toi dans des textes qui nourrissent ton esprit et élargissent ta compréhension du monde.

La connexion avec la nature peut également être une voie spirituelle puissante. Prends le temps de t'immerger dans la beauté de la nature, que ce soit en te promenant dans un parc, en admirant un coucher de soleil ou en passant du temps dans un jardin. Établis une connexion profonde avec les éléments naturels et ressens la présence d'une force plus grande qui réside en eux.

Trouver une pratique spirituelle qui te nourrit et te connecte à quelque chose de plus grand que toi est une invitation à cultiver la paix intérieure et à donner un sens profond à ta vie. N'hésite pas à explorer différentes pratiques, à les adapter selon tes besoins et à les intégrer dans ton quotidien. La pratique spirituelle peut t'apporter une source de soutien, de sagesse et de guidance tout au long de ton chemin de développement personnel.

4. Moment de plaisir et de loisirs

Prendre du temps pour les activités de plaisir et de loisirs est une composante essentielle du développement personnel. Ces moments permettent de se détendre, de se divertir et de nourrir notre bien-être émotionnel et mental.

La lecture d'un livre peut être une expérience immersive qui nous transporte dans un autre monde, nous permettant de nous évader du stress quotidien et de nous plonger dans de nouvelles idées, histoires et perspectives. Que ce soit un roman captivant, un livre inspirant ou un ouvrage de développement personnel, la lecture nourrit notre esprit et élargit notre horizon.

Regarder un film ou une série peut être un moyen de se divertir, de s'émouvoir et de s'inspirer. C'est une occasion de découvrir de nouvelles histoires, de vivre des émotions intenses et de se connecter à des personnages et à des thèmes qui résonnent en nous. Que ce soit un film d'action, une comédie légère ou un documentaire captivant, cela peut être un moyen de se détendre et de se divertir.

Faire une promenade dans la nature est un moyen efficace de se ressourcer et de se reconnecter avec l'environnement qui nous entoure. Marcher en plein air, respirer l'air frais et contempler la beauté de la nature peut être apaisant et régénérant pour l'esprit, le corps et l'âme. C'est une opportunité de se déconnecter du tumulte de la vie quotidienne, de se recentrer et de renouer avec l'essentiel.

Jouer d'un instrument de musique ou pratiquer un hobby créatif est une excellente façon d'exprimer notre créativité et de cultiver notre passion. Que tu sois musicien(ne), peintre, écrivain(e) ou que tu pratiques une autre forme d'art, ces activités te permettent de te connecter à ton essence créative et de te sentir pleinement vivant(e). C'est un moyen de te libérer du stress, d'explorer de nouvelles possibilités et de te découvrir des talents insoupçonnés.

En accordant du temps à ces moments de plaisir et de loisirs, tu te donnes l'opportunité de te reconnecter avec toi-même, de nourrir tes passions et de te ressourcer. Ces activités te permettent de te recentrer, de te divertir et de retrouver ton équilibre émotionnel. N'oublie pas de t'accorder régulièrement ces moments de plaisir pour cultiver ton bien-être et ton épanouissement personnel.

5. Pratique de la gratitude

La pratique de la gratitude est un moyen puissant de cultiver une perspective positive et d'apprécier les aspects merveilleux de la vie. En prenant le temps de reconnaître les choses pour lesquelles tu es reconnaissant(e), tu te concentres sur les aspects positifs plutôt que sur les difficultés ou les frustrations.

Une façon de cultiver cette pratique est de tenir un journal de gratitude. Chaque jour, écris quelques choses pour lesquelles tu te sens reconnaissant(e). Cela peut être aussi simple que le soleil qui brille, un sourire d'un être cher, ou un moment de joie que tu as vécu. En écrivant ces moments de gratitude, tu les ancres dans ta conscience et tu renforces ton sentiment de bien-être.

La méditation de gratitude est une autre pratique qui peut t'aider à cultiver cette attitude positive. Assieds-toi dans un endroit calme et ferme les yeux. Prends quelques instants pour te concentrer sur ta respiration et te détendre. Ensuite, commence à te rappeler les choses pour lesquelles tu es reconnaissant(e). Visualise-les dans ton esprit et ressens la gratitude dans tout ton être. Cela t'aide à te connecter avec tes émotions positives et à les renforcer.

En prenant simplement quelques instants chaque jour pour apprécier les petites choses qui te rendent heureux(se), tu développes une mentalité de gratitude. Que ce soit en admirant un magnifique paysage, en savourant une tasse de café chaud ou en écoutant ta chanson préférée, ces moments de gratitude te permettent de te connecter à la joie présente dans ta vie.

La pratique de la gratitude te permet de focaliser ton attention sur ce qui est bon dans ta vie, ce qui renforce ta résilience émotionnelle et ta satisfaction globale. Elle t'aide à développer une attitude positive, à te concentrer sur les aspects positifs et à faire preuve de reconnaissance envers toi-même et les autres. En cultivant cette pratique, tu découvriras que tu es plus conscient(e) des petites joies de la vie et que tu te sens plus épanoui(e) et reconnaissant(e).

Continuer à grandir : t'encourager à rester ouverte au changement, à la croissance personnelle et à l'évolution constante.

1. Être ouverte au changement

La vie est un voyage en constante évolution, rempli de changements imprévisibles et de nouvelles expériences. Pour continuer à grandir et à évoluer personnellement, il est essentiel d'adopter une attitude d'ouverture et de flexibilité face à ces changements. Accepter que le changement soit une partie naturelle de la vie et de la croissance personnelle est le premier pas vers une transformation significative.

Le changement peut prendre différentes formes : des transitions de carrière, des relations qui évoluent, des défis imprévus ou des opportunités qui se présentent. Chacune de ces situations offre l'opportunité d'apprendre et de grandir, même si elles peuvent être accompagnées d'incertitude ou de peur. En acceptant que le changement fait partie intégrante de la vie, tu peux te libérer de l'attachement à la sécurité et te permettre d'explorer de nouvelles possibilités.

Chaque nouvelle expérience, positive ou négative, est une occasion d'apprendre et de grandir. Même les moments les plus difficiles peuvent fournir des leçons précieuses et des opportunités d'amélioration personnelle. Lorsque tu fais face à un changement, que ce soit une rupture, un échec ou un bouleversement, demande-toi ce que tu peux en retirer sur le plan personnel et comment tu peux en tirer des enseignements pour te renforcer.

Être ouverte et flexible face au changement signifie également s'adapter et ajuster tes plans et tes objectifs lorsque cela est nécessaire. Sois prête à remettre en question tes croyances, tes schémas de pensée et tes attentes, car cela te permettra d'évoluer et de grandir dans des directions que tu n'aurais peut-être pas envisagées auparavant.

En embrassant le changement et en accueillant chaque nouvelle expérience avec curiosité et ouverture d'esprit, tu te donnes la possibilité d'apprendre de nouvelles compétences, de découvrir de nouvelles passions et de développer une compréhension plus profonde de toi-même et du monde qui t'entoure. La croissance personnelle est un processus continu et dynamique, et l'acceptation du changement est la clé pour l'entreprendre avec confiance et détermination.

Alors, n'aie pas peur du changement, mais plutôt accueille-le avec enthousiasme. Chaque moment de transition et d'évolution est une occasion de te rapprocher de la meilleure version de toi-même et de t'épanouir pleinement dans tous les domaines de ta vie.

2. Chercher de nouvelles opportunités

Lorsque tu es ouverte à la croissance personnelle et à l'évolution constante, chercher de nouvelles opportunités devient une priorité. Être proactive dans la recherche de ces opportunités d'apprentissage et de développement te permet d'élargir tes horizons, d'acquérir de nouvelles compétences et de continuer à te développer en tant qu'individu.

Une des façons de chercher de nouvelles opportunités est de participer à des formations ou à des cours qui t'intéressent. Que ce soit dans ton domaine professionnel, artistique, sportif ou personnel, investir du temps et de l'énergie dans l'apprentissage te permet d'approfondir tes connaissances, de te tenir à jour avec les dernières tendances et de développer de nouvelles compétences.

La lecture est également une excellente façon d'explorer de nouvelles idées et de t'enrichir intellectuellement. Les livres peuvent t'ouvrir des perspectives différentes, te donner des connaissances approfondies sur des sujets qui t'intéressent et t'inspirer dans ta propre croissance personnelle. Prends le temps de choisir des livres qui te captivent et qui te poussent à réfléchir.

Le voyage est une autre opportunité d'exploration et d'apprentissage. Découvrir de nouveaux endroits, cultures et modes de vie élargit ton horizon et te permet de sortir de ta zone de confort. Les expériences vécues en voyage peuvent t'apporter de nouvelles perspectives, t'encourager à te remettre en question et t'inspirer dans tes propres choix de vie.

Enfin, ne sous-estime pas l'importance des expériences nouvelles dans ta quête de croissance personnelle. Ose sortir de ta zone de confort, essayer de nouvelles activités et rencontrer de nouvelles personnes. Chaque expérience nouvelle peut t'enseigner quelque chose de précieux sur toi-même, sur les autres et sur le monde qui t'entoure.

En restant curieuse et engagée dans ta quête de connaissances et d'expansion personnelle, tu te donnes les moyens de continuer à grandir et à évoluer tout au long de ta vie. N'aie pas peur d'explorer de nouvelles opportunités et de sortir des sentiers battus. Chaque expérience que tu choisis d'embrasser t'apportera de nouvelles leçons et te rapprochera de ton plein potentiel.

Rappelle-toi que le chemin de la croissance personnelle est un voyage sans fin. L'important est de rester ouverte, curieuse et engagée à mesure que tu explores de nouvelles opportunités et que tu élargis tes horizons. La recherche de nouvelles opportunités te permet de continuer à grandir et à évoluer, te conduisant vers une vie plus enrichissante et épanouissante.

3. Sortir de ta zone de confort

Sortir de ta zone de confort est un élément essentiel pour continuer à grandir et à évoluer personnellement. Cela implique d'être prêt(e) à prendre des risques calculés et à affronter tes peurs et tes limites. Lorsque tu te pousses hors de ta zone de confort, tu ouvres la porte à de nouvelles expériences, à de nouvelles opportunités et à une croissance personnelle significative.

Prendre des risques calculés signifie que tu évalues attentivement les avantages et les inconvénients potentiels d'une situation avant de t'engager. Il est important de reconnaître que certaines expériences peuvent être inconfortables, mais qu'elles offrent également la possibilité d'apprendre, de grandir et de te découvrir sous un nouvel angle. L'objectif n'est pas de se mettre en danger, mais plutôt de sortir de ta zone de confort de manière progressive et réfléchie.

En faisant face à tes peurs et à tes limites, tu te donnes l'opportunité de les surmonter et de te surpasser. Cela peut être effrayant au début, mais c'est souvent dans ces moments d'inconfort que se trouve le plus grand potentiel de croissance. En te confrontant à tes peurs, tu peux acquérir de nouvelles compétences, développer ta confiance en toi et découvrir des capacités dont tu ignorais l'existence.

Sortir de ta zone de confort te permet également d'élargir tes horizons. En essayant de nouvelles activités, en rencontrant de nouvelles personnes et en explorant de nouveaux environnements, tu t'exposes à de nouvelles perspectives et à de nouvelles façons de penser. Cela élargit tes connaissances, élargit ton réseau social et te permet de voir le monde sous un angle différent. Tu peux ainsi développer une vision plus globale et enrichissante de la vie.

Enfin, sortir de ta zone de confort te permet de découvrir de nouveaux aspects de toi-même. Lorsque tu te mets au défi et que tu explores de nouvelles opportunités, tu peux découvrir des talents, des intérêts et des passions que tu ne soupçonnais pas. Cela te permet de te connaître plus profondément et de te connecter à des aspects de toi-même que tu n'as peut-être pas encore explorés.

Il est important de noter que sortir de ta zone de confort ne signifie pas que tu dois toujours être dans un état de stress ou d'inconfort constant. Il s'agit plutôt d'identifier les domaines où tu te sens limité(e) ou peu enclin(e) à prendre des risques, et de chercher activement des occasions de les dépasser de manière progressive et adaptée à tes besoins.

En sortant régulièrement de ta zone de confort, tu te donnes les moyens de continuer à grandir et à évoluer tout au long de ta vie. Tu développes ta confiance en toi, tu élargis tes horizons et tu découvres de nouvelles facettes de ta personnalité. N'aie pas peur d'explorer l'inconnu, car c'est là que se trouve le potentiel infini de ta croissance personnelle.

4. Évaluer tes objectifs régulièrement

Évaluer régulièrement tes objectifs personnels est essentiel pour maintenir une croissance continue et s'assurer qu'ils sont toujours alignés avec tes aspirations actuelles. Au fil du temps, tes priorités et tes aspirations peuvent évoluer, et il est important d'ajuster tes objectifs en conséquence. Cela te permet de rester sur la voie de la croissance et de la réalisation de tes ambitions personnelles.

Passe en revue régulièrement tes objectifs, de préférence à intervalles réguliers, comme chaque trimestre ou chaque année. Prends le temps de réfléchir à tes aspirations actuelles, à ce qui est important pour toi et à ce que tu souhaites réaliser à court et à long terme. Pose-toi des questions telles que : ces objectifs sont-ils encore pertinents pour moi ? Sont-ils alignés avec mes valeurs et mes aspirations actuelles ? Est-ce que je me sens inspiré(e) et motivé(e) à les poursuivre ?

Si tu constates que certains objectifs ne sont plus alignés avec tes aspirations actuelles, n'aie pas peur de les ajuster ou de les revoir. Cela ne signifie pas que tu as échoué, mais plutôt que tu as gagné en clarté sur ce qui est vraiment important pour toi en ce moment de ta vie. Tu peux choisir de réorienter tes objectifs, d'en ajouter de nouveaux ou même de supprimer ceux qui ne correspondent plus à tes aspirations.

L'ajustement de tes objectifs te permet de rester motivé(e) et engagé(e) dans ta croissance personnelle. Cela te donne également la flexibilité nécessaire pour explorer de nouvelles voies et saisir de nouvelles opportunités qui correspondent mieux à tes aspirations actuelles. N'hésite pas à définir des objectifs spécifiques, mesurables, atteignables, pertinents et temporels (SMART) pour t'assurer qu'ils sont clairs et réalisables.

En effectuant régulièrement cette évaluation de tes objectifs, tu te donnes les moyens de rester aligné(e) avec tes aspirations personnelles et de poursuivre ta croissance et ta réalisation de manière significative. Tu es ainsi en mesure de mieux saisir les opportunités qui se présentent à toi et de tracer une voie qui te mènera vers l'épanouissement et la réussite personnelle.

Rappelle-toi également que les objectifs ne sont pas gravés dans la pierre et peuvent être ajustés au fur et à mesure que tu évolues et grandis. Sois à l'écoute de toi-même et fais confiance à ton intuition pour guider tes choix. Continue à rêver grand et à te fixer des objectifs ambitieux, tout en restant ouvert(e) aux possibilités de changement et d'exploration. En faisant cela, tu peux continuer à te développer et à réaliser ton plein potentiel tout au long de ta vie.

5. Pratiquer l'auto-réflexion

Pratiquer l'auto-réflexion régulièrement est une pratique précieuse pour continuer à grandir et à évoluer sur le plan personnel. Cela consiste à prendre du temps pour te poser et réfléchir à tes expériences, tes actions et tes réactions de manière consciente et honnête. L'auto-réflexion t'offre une occasion de mieux te connaître, d'explorer tes motivations, tes comportements et tes schémas de pensée, ainsi que d'identifier les domaines dans lesquels tu peux encore grandir.

Lorsque tu t'accordes des moments d'auto-réflexion, tu te donnes la possibilité de prendre du recul par rapport à tes expériences passées et présentes. Cela te permet de comprendre les leçons que tu as apprises, de reconnaître tes réussites et d'identifier les aspects qui nécessitent une amélioration. En prenant le temps d'analyser tes actions et tes réactions, tu peux développer une compréhension plus profonde de toi-même et de tes motivations, ce qui te permettra de prendre des mesures pour te développer de manière significative.

L'auto-réflexion peut prendre différentes formes. Certaines personnes préfèrent écrire dans un journal pour exprimer leurs pensées et leurs émotions, tandis que d'autres trouvent utile de méditer ou de pratiquer la pleine conscience pour se connecter à leur être intérieur. Quelle que soit la méthode que tu choisis, l'essentiel est de créer un espace calme et propice à l'introspection, où tu pourras te concentrer sur tes pensées et tes sentiments.

Pendant ces moments d'auto-réflexion, pose-toi des questions profondes et pertinentes. Par exemple, réfléchis à tes succès et aux raisons de leur réalisation. Quels sont les obstacles que tu as surmontés et quelles leçons en as-tu tirées ? Identifie également les domaines où tu aimerais voir une croissance personnelle et explore les actions que tu peux entreprendre pour y parvenir.

L'auto-réflexion te permet de prendre conscience de tes valeurs, de tes besoins et de tes aspirations. Cela t'aide à mieux comprendre tes motivations et à déterminer les actions nécessaires pour atteindre tes objectifs. C'est un processus continu qui demande du temps, de la patience et de l'engagement envers toi-même.

En pratiquant régulièrement l'auto-réflexion, tu peux continuer à grandir, à évoluer et à devenir la meilleure version de toi-même. Cela te permet de rester conscient(e) de tes actions et de tes choix, et de t'adapter aux défis et aux changements de la vie avec une plus grande résilience et une meilleure compréhension de toi-même.

6. Chercher l'inspiration

Chercher l'inspiration est une étape importante pour continuer à grandir sur le plan personnel. S'entourer de personnes inspirantes, de livres, de podcasts et de ressources qui nourrissent ta croissance personnelle peut avoir un impact significatif sur ton développement.

Tout d'abord, entoure-toi de personnes inspirantes. Cherche des individus qui ont atteint des réalisations significatives dans les domaines qui t'intéressent. Ces personnes peuvent être des mentors, des leaders d'opinion ou même des amis qui partagent tes aspirations. En les observant, en interagissant avec elles et en apprenant de leur expérience, tu peux obtenir des idées, des conseils et une motivation supplémentaire pour poursuivre tes propres objectifs.

En plus des personnes inspirantes, explore différentes sources de connaissances et d'inspiration. La lecture de livres, en particulier ceux qui traitent de développement personnel, de croissance personnelle et de réussite, peut t'apporter de nouvelles perspectives et des enseignements précieux. Les podcasts sont également un excellent moyen d'écouter des interviews, des discussions et des histoires inspirantes qui peuvent te stimuler et te donner de nouvelles idées.

N'hésite pas à rechercher des ressources en ligne, telles que des blogs, des sites web ou des vidéos, qui abordent des sujets qui t'intéressent. Il existe une multitude de ressources disponibles qui couvrent un large éventail de sujets, allant du développement personnel à l'entrepreneuriat en passant par la créativité et la spiritualité. Explore ces ressources, choisis celles qui résonnent le plus avec toi et utilise-les comme source d'inspiration et de motivation pour continuer à grandir.

En t'entourant d'une communauté de personnes engagées dans leur propre croissance et leur développement, tu bénéficieras d'un soutien mutuel et de la possibilité d'apprendre les uns des autres. Rejoins des groupes, des clubs ou des communautés en ligne où tu pourras partager tes expériences, tes idées et tes aspirations avec d'autres personnes partageant les mêmes valeurs. Ces interactions peuvent t'apporter de nouvelles perspectives, des conseils pratiques et un encouragement constant pour poursuivre tes objectifs de croissance personnelle.

L'inspiration joue un rôle essentiel dans la poursuite de la croissance personnelle. Elle te permet de rester motivée et engagée dans ton parcours de développement, en te rappelant constamment les possibilités et le potentiel que tu as à exploiter. En cherchant régulièrement l'inspiration et en t'entourant de personnes et de ressources inspirantes, tu nourris ta propre croissance et tu crées un environnement propice à l'épanouissement personnel.

7. Faire preuve de bienveillance envers toi-même

Faire preuve de bienveillance envers toi-même est un aspect crucial de la croissance personnelle. Lorsque tu te lances dans un voyage de développement personnel, il est inévitable de faire face à des défis et à des échecs. C'est à ce moment-là qu'il est important de cultiver la bienveillance envers toi-même et de t'accorder la compassion et le soutien dont tu as besoin.

Tout d'abord, rappelle-toi qu'il est normal de rencontrer des obstacles sur ton chemin. Chacun a ses propres défis et ses moments de difficulté. Plutôt que de te juger sévèrement lorsque tu fais face à des échecs ou que les choses ne se passent pas comme prévu, essaie d'adopter une attitude de compréhension et de bienveillance envers toi-même. Remplace les jugements négatifs par des paroles encourageantes et bienveillantes.

Ensuite, sois patiente avec toi-même. La croissance personnelle est un processus qui prend du temps. Les changements durables et significatifs ne se produisent pas du jour au lendemain. Il est important d'accepter que le progrès peut être lent et que chaque petit pas compte. Sois fière de toi pour les efforts que tu fais et les progrès que tu accomplis, peu importe leur taille. Célèbre ces succès, aussi modestes soient-ils, pour te rappeler que tu es en constante évolution.

La pratique de la gratitude peut également jouer un rôle important dans la bienveillance envers toi-même.

Prends le temps chaque jour de reconnaître et d'apprécier les aspects positifs de ta vie, tes qualités personnelles et les efforts que tu mets dans ta croissance personnelle. Faire l'inventaire de ces aspects positifs t'aidera à renforcer ton estime de toi et à te rappeler que tu mérites ton amour et ta bienveillance.

Enfin, entoure-toi d'un réseau de soutien positif. Les personnes qui t'entourent peuvent influencer ta perception de toi-même. Choisis des amis, des mentors et des proches qui te soutiennent, t'encouragent et croient en toi. Ces personnes seront là pour te rappeler ton potentiel et te soutenir lorsque tu traverses des moments difficiles. N'hésite pas à demander de l'aide et du soutien lorsque tu en as besoin.

La bienveillance envers toi-même est une compétence qui s'apprend et se développe avec la pratique. En cultivant cette attitude de compassion envers toi-même, tu te donnes l'espace et la liberté d'explorer, de grandir et d'atteindre tes objectifs de croissance personnelle. Souviens-toi que tu es digne d'amour et de bienveillance, peu importe les obstacles que tu rencontres sur ton chemin de croissance.

Conclusion
Ta vie, ton chef-d'œuvre

Réfléchir sur ton parcours de développement personnel et célébrer ta capacité à créer une vie épanouissante et alignée avec tes valeurs et aspirations.

Dans cette aventure de développement personnel, tu as parcouru un chemin riche en découvertes, en apprentissages et en transformations. En réfléchissant sur ton parcours, tu peux prendre un moment pour te pencher sur les aspects les plus significatifs de ton cheminement et célébrer ta capacité à créer une vie épanouissante et alignée avec tes valeurs et aspirations.

1. Réaliser tes progrès

En prenant le temps de réfléchir sur ton parcours de développement personnel, tu peux mettre en lumière les progrès que tu as accomplis. Il est essentiel de reconnaître et de célébrer ces avancées, aussi petites soient-elles, car elles sont le reflet de ton engagement envers toi-même et ton désir de créer une vie épanouissante.

- Reconnaître tes changements émotionnels : Prends conscience des émotions que tu ressens maintenant par rapport à celles que tu éprouvais auparavant. As-tu développé une plus grande stabilité émotionnelle ? Es-tu plus apte à gérer le stress et les difficultés avec calme et sérénité ? Note les moments où tu as pu exprimer tes émotions de manière saine et constructive, ainsi que les situations où tu as pu te reconnecter avec ton équilibre émotionnel.

- Améliorer ta santé physique : Pense à tes habitudes de santé et de bien-être. As-tu intégré de nouvelles pratiques qui favorisent ta santé physique, comme l'exercice régulier, une alimentation équilibrée ou une meilleure gestion du sommeil ? Remarque les progrès que tu as réalisés en termes de forme physique, de vitalité et de ressenti général de bien-être. Même les petits ajustements dans ton mode de vie peuvent avoir un impact significatif sur ta santé.

- Évoluer sur le plan spirituel : Réfléchis à tes croyances, à ta connexion avec quelque chose de plus grand que toi et à ta pratique spirituelle. As-tu développé une plus grande sagesse intérieure ? As-tu trouvé des moyens de te connecter à ton essence spirituelle et de cultiver la paix intérieure ? Note les moments où tu as ressenti une profondeur spirituelle et un sentiment de connexion avec l'univers.

- Cultiver des relations saines : Réfléchis à tes relations avec les autres et aux progrès que tu as réalisés dans ce domaine. As-tu développé des compétences de communication plus efficaces ? As-tu appris à établir des limites saines et à entretenir des relations équilibrées ? Prends note des relations positives et nourrissantes que tu as construites et des conflits que tu as réussi à résoudre de manière constructive.

En reconnaissant tes progrès dans ces différents domaines, tu prends conscience de l'ampleur des changements que tu as accomplis. Célèbre chaque étape du processus, aussi petite soit-elle, car elle représente une avancée significative vers une vie épanouissante. Rappelle-toi que la croissance personnelle est un voyage continu, et chaque progrès est une occasion de te féliciter et de te motiver pour poursuivre ton développement.

2. Alignement avec tes valeurs

Prends le temps de réfléchir à la manière dont ton parcours de développement personnel t'a aidé à t'aligner de plus en plus avec tes valeurs fondamentales. Voici quelques points à considérer lors de cette réflexion :

- Identifie tes valeurs fondamentales : Réfléchis aux principes et aux croyances qui sont essentiels pour toi. Quelles sont les valeurs qui guident tes choix et tes actions ? Il peut s'agir de l'honnêteté, de la compassion, de la liberté, de la créativité, de la justice, de la durabilité, ou toute autre valeur qui résonne avec toi.

- Observe tes décisions et actions : Réfléchis sur les décisions que tu as prises récemment et les actions que tu as entreprises. Sont-elles en accord avec tes valeurs fondamentales ? As-tu agi de manière cohérente avec ce en quoi tu crois ? Remarque les moments où tu as pu faire preuve d'intégrité et d'authenticité en alignant tes actions sur tes valeurs.

- Évalue l'impact sur ta vie : Observe comment le fait d'agir en accord avec tes valeurs a eu un impact positif sur ta vie. Comment cela a-t-il renforcé ton sentiment d'accomplissement, de satisfaction et de sens ? Prends note des situations où tu as senti une congruence entre tes valeurs et ton mode de vie, et comment cela a contribué à ton bien-être global.

- Sois reconnaissant(e) : Célèbre ta capacité à vivre en harmonie avec tes valeurs. La cohérence entre tes actions et tes valeurs est un témoignage de ta maturité émotionnelle et de ta capacité à vivre une vie authentique. Exprime de la gratitude envers toi-même pour avoir suivi ton propre chemin et avoir créé une vie alignée avec tes convictions les plus profondes.

En réfléchissant à l'alignement avec tes valeurs, tu peux être fière de tes choix et des décisions que tu as prises pour façonner une vie qui est en accord avec qui tu es réellement. Célébrer cet alignement te permettra de continuer à avancer sur ton chemin de développement personnel et d'inspirer les autres par ton exemple.

3. Épanouissement personnel

Prends un moment pour évaluer ton niveau d'épanouissement personnel et réfléchis à ces moments où tu te sens pleinement vivante, alignée et comblée. Voici quelques idées pour t'aider dans cette réflexion :

- Identifie tes sources d'épanouissement : Pense aux activités, aux relations et aux expériences qui te nourrissent et t'inspirent. Qu'est-ce qui te procure un sentiment de joie, de passion et de satisfaction personnelle ? Que ce soit pratiquer une activité artistique, passer du temps avec des personnes qui te soutiennent, explorer de nouveaux endroits ou aider les autres, prends note de ces moments où tu te sens pleinement épanouie.

- Mesure ton cheminement : Compare où tu te trouves actuellement par rapport à tes débuts dans ton parcours de développement personnel. Quels sont les progrès que tu as réalisés ? Comment as-tu élargi tes horizons, acquis de nouvelles compétences et développé de nouvelles perspectives ? Prends conscience de ton cheminement et de la manière dont il a contribué à ton épanouissement personnel.

- Célèbre tes réalisations : Prends le temps de célébrer tes réalisations et les efforts que tu as déployés pour atteindre un plus grand épanouissement personnel. Que ce soit de petites victoires ou de grandes réalisations, chaque pas en avant compte. Apprécie les moments où tu t'es dépassée, où tu as surmonté des obstacles et où tu as atteint tes objectifs personnels.

Permets-toi d'être fière de toi-même et de reconnaître tes propres succès.

- Cultive la gratitude : Exprime de la gratitude pour les expériences d'épanouissement personnel que tu as vécues. Remercie les personnes, les opportunités et les circonstances qui ont contribué à ton développement et à ton épanouissement. La gratitude renforce ta connexion avec les aspects positifs de ta vie et t'aide à cultiver une attitude d'appréciation et de reconnaissance.

En réfléchissant à ton épanouissement personnel, tu réalises les progrès que tu as accomplis et les moments de satisfaction et de plénitude que tu as connus. Célèbre ces réalisations et ces expériences qui ont enrichi ta vie, et utilise-les comme source de motivation et d'inspiration pour continuer à cultiver un épanouissement personnel durable et aligné avec tes aspirations les plus profondes.

4. Reconnaissance de tes aspirations

Prends le temps de réfléchir à tes aspirations actuelles et à la direction que tu souhaites donner à ta vie. Voici quelques idées pour t'aider dans cette réflexion :

- Évaluation de tes objectifs : Prends un moment pour évaluer tes objectifs actuels et leur pertinence par rapport à tes aspirations profondes. Sont-ils alignés avec ce qui est vraiment important pour toi ? Parfois, il est facile de se laisser emporter par les attentes de la société ou les pressions extérieures, mais il est crucial de revenir à toi-même et de te demander si ces objectifs sont en harmonie avec tes véritables aspirations.

- Connecte-toi à tes valeurs fondamentales : Réfléchis aux valeurs qui sont les plus importantes pour toi. Qu'est-ce qui te tient vraiment à cœur ? Qu'est-ce qui te motive et te donne un sentiment de sens et de satisfaction ? Lorsque tu vis en accord avec tes valeurs, tu te rapproches de tes aspirations les plus authentiques.

- Flexibilité et ajustements : Sois ouverte aux ajustements nécessaires sur ton parcours. La vie est en constante évolution, tout comme tes aspirations peuvent évoluer avec le temps. Reste attentive à tes besoins changeants et n'aie pas peur d'apporter des modifications si cela te permet de mieux aligner ta vie sur tes aspirations.

- Fais confiance à ton intuition : Écoute ta voix intérieure et fais confiance à ton intuition. Parfois, ton intuition peut te guider vers de nouvelles directions ou te donner des indices sur les ajustements nécessaires dans ta vie. Accorde-toi le temps de te connecter avec toi-même et de suivre les signes qui résonnent avec ton être profond.

- Engagement envers tes aspirations : Une fois que tu as identifié tes aspirations et les ajustements nécessaires, engage-toi à les poursuivre avec détermination. Sois prête à prendre les mesures nécessaires pour créer une vie qui te ressemble et qui te permet de t'épanouir pleinement. La route peut être semée d'obstacles, mais en restant fidèle à tes aspirations, tu peux surmonter les défis et créer une réalité qui te satisfait pleinement.

En reconnaissant tes aspirations et en t'engageant à les poursuivre, tu te donnes la possibilité de créer une vie épanouissante et alignée avec qui tu es vraiment. Permets-toi d'explorer tes passions, d'ajuster tes objectifs et de suivre ton intuition pour vivre une vie qui te remplit de joie, de sens et de satisfaction.

En réfléchissant sur ton parcours de développement personnel, tu réalises la capacité que tu as à créer une vie épanouissante et alignée avec tes valeurs et aspirations. Chaque étape, chaque décision et chaque apprentissage t'ont guidé vers une plus grande connaissance de toi-même et t'ont permis de te rapprocher de la vie que tu désires. Continue d'explorer, de grandir et d'embrasser les opportunités qui se présentent à toi. Tu es le créateur de ton propre bonheur et ta vie est un chef-d'œuvre en constante évolution. Célèbre cette capacité à façonner ta vie et sois fière de tout ce que tu as accompli jusqu'à présent.

Printed in France by Amazon
Brétigny-sur-Orge, FR

15302694R00137